安藤妍雪　作品集

漢字（草書）
神遊（神と一体となり自由無碍）

①アイウエオ根本文字
②イロハ根本文字
③クサモジ
アイウエオ五十音（内側から左回りに）

太陽マンダラ
①中心：アワモジ（スノカミ）
②③神人神星人カタカナ文字（天津祈言）

太陽マンダラ（内側から左回りに）

①天照大神文字
スノカミ

②国之常立天皇クサビモジ
只神の御用に立たんのみ吾が願い
神憩います世をば祈りて

③国之常立天皇モモキモジ
幾億万年　深き縁に鍛え来し
魂と力を神に捧げむ

④豊雲野根天皇イヅモモジ
アイウエオ五十音

天相合主天皇ムスビモジ
感謝（カンシヤ）

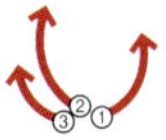

伊邪那岐天皇モモノキモジ
いつしかに　神と人との距たりも
消え行く如くに神誘いますかも

角機天皇クイボクモジ
只有難し　一切ありがたしと心より
感謝の祈りに感謝降りくる

天照大神文字（ツムジモジ）
太陽の光の奥にこごりある
神の光を己が心に

キビモジ
奄美にて　ミロクの神と対話して
我がお役目に頭が垂れる

アヒルクサモジ

天地の　奥に沁み秘む神隠身は
光となりて万照らすも

①天相合天皇クサビモジ

②天相合天皇ムスビモジ

貧しくも　身卑しくも吾が魂霊
清らに保てやがて天国

アイヌモジ

天津神　身内に見たり活く光
嬉し楽しも神の真光

国之常立天皇モモキモジ
幾億万年　深き縁に鍛え来し
魂と力を神に捧げむ

天之常立男天皇アメトコモジ
人類史　ここに改む世の始め
努めん吾は神栄光の為

①幽界文字（右から）
慈悲

②モリツネモジ
大慈観、大悲観とは二つなり
二つで一つが主の大愛

天忍穂耳天皇龍踊文字
マルキ心　大きく育つも置き所
困ることなき神の恵みは

①天照大神文字ツムジモジ
（「輝き」の部分）

②造化氣万男天皇鳥足文字
大いなる　神の光の輝きを
とく覚りませさやかなる身に

高皇産霊天皇コソナモジ
大神の　大み心にお任せ得
生き居る姿は神の宮内

アワモジ

①奄美とは　天見と覚り
ミロクの神に我が身ゆだねる

②水清き　奄美の浜に我が過去の
心と足をぬぐう夕暮れ

書の霊智《みち》塾主催
「神《カン》代《ナガラ》宇宙文字展」について

文字は言霊の息吹きなり

世界の文字の源である神代宇宙文字（日本の神社に現存）は、もともとひと文字ひと文字に、数霊《かずたま》と神の波動のエネルギーとがあり、それに深い意味がありました。このことを文字の世界から、世の人々の心に訴え、認識して頂く事により、「世界は元ひとつ」であり、「人類は元ひとつ」であったことを実証いたしたく、全国巡回の展覧会を催しております。

出品してあります作品からは、皆様方の健・和・富に対し良い影響をあたえるエネルギーが満ち満ちております。ぜひご体感下さいませ。

会場風景（左の写真では、神々からの感謝の気持ちが宝珠の形となって現れています。光は他の写真にも現れており、「神は光なりき」の実証といえます）

天照大日大神様のエネルギー

百年以上の歴史を誇る東京書道院の「書の霊智《みち》塾」のご案内

言霊から息吹かれる文字のエネルギーとともに
霊的に目覚め縄文の時を体感するところ
人格（神格）の源を引き出すことも可能なり！
（四代文明の文字および世界の文字の源を修練出来ます）

◎主宰者よりのメッセージ

世界は元ひとつ、人類の元またひとつ。
本来、宇宙には宗門、宗派なし。
言霊《ことだま》と神代《かみよ》文字の世界がそのことを証明しています。

今、宇宙の進化を直勘で感じ、その動き・エネルギーにどのように適応していくかを、地球の人類は考えねばならない時に来ています。それを短期間に、マスターする必要があります。

書の霊智《みち》塾では、人類が争う心を持つことの無意味さを認識させ、無対立・愛和の世界を作ることを目的とします。

また、次期文明に役立つ人々としての種人《たねびと》を、改魂《かいこん》と神代文字の修練により、作り出す場であります。

それは、21世紀に実現する高次元科学文明と共に生きる高次元人類です。

宇宙の進化を魂のレベルで理解しようと思う方に、お伝えいたします。

古代の日本人は、言霊のエネルギー、それを吹き上げる文字のエネルギーにより、神を知り、真《まこと》の科学を知ることが出来ました。

そして、それを活かし、生活していたのです。

それが、ある時（神代文字が消された時期）から忘れさせられることとなり、日本人という霊籍《れいせき》も同時に忘れさせられるように仕組まれて来たのでした。

何故なのであろうか？

その意味を知ることにより、今こそ、五色人の元である霊《ひ》の元《もと》つ国《くに》・日本人は、はっきり目をひらき、世界の人類の為に貢献しなければならないことがしみじみと解らされます。

それが、真《まこと》の人類救済なのだということも……。

書の霊智《みち》塾主宰　安藤　妍雪

創造主（神様）の物質化現象（金粉が降りそそぐ）

天照大神文字に降臨された
天照様のお姿（光の輪）

ご神体祭で示された「ミロク」の文字
（光で書かれている）

［神代文字修練所および改魂のレッスン所］

書の霊智《みち》塾
岐阜県高山市一之宮町1471-1
位山アートギャラリー
0577・53・3366（本部）
本部に電話にてご確認下さい。

会場入口における創造
主（神）のエネルギー。
龍神様のお姿も（白色）

スべての命は元ひとつ

はじめに

「言霊《ことだま》の幸《さき》ふ国」、それが日本です。世界広しといえども、言霊が幸う国はほかにありません。私は、言霊の幸う国に生を受けた喜びと感謝をまず申し上げたいと思います。

そして、この喜びを、過去の遺産とともに、未来へつなげていかねばならず、そのメッセンジャーとしての役割を果たすべく、この本を著すことにいたしました。

二十一世紀は二度とない世紀です。なぜなら、「天意転換《てんいのてんかん》」という、次元転換を迎える世紀であり、この先、これまで経験したことのないような大きな変化が待ち受けているからです。

いったい、どのような世紀となるのでしょうか。

私は、いろいろ映像で見せていただいて、概略をつかんでおりますが、どれだけの人々の心のなかにその覚悟ができているかが案じられます。

怖がる必要はありません。まず、自分たちの足元をよく見つめなおすことが大切です。そのうえで、それぞれの国々の人々が、その国に生まれた責任として考えてみる必要があるでしょう。そして、気づきのなかで、自らのすべきことを正しく行わねばなりません。

国がしてくれる、あるいは他人がしてくれることではありません。なすべきことは、各々、一人ひとり、個々の目覚めのなかにあることを心においてほしいものです。

さらに、そのうえで、宇宙的視野から自然界を見つめなおすことが必要となります。私たちは、そのなかに生かされた小さな生命の一つです。共存共栄を第一に考え、そのことにどのように役立つことができるのか、謙虚に考えなければなりません。

幸いにも、日本人である私たちは、言霊の国に生まれました。この言霊を正しく使うことは、私たちの使命です。動植物にはできないはたらきです。「はじめに言葉ありき」の意味を悟ってください。人と人との意思の疎通を図る文字の意味を考えてください。そして言霊の根源を理解してください。

これからの宇宙は、次第次第に次元が上がっていきます。人は、神人一体に向かって進まねばなりません。宇宙の次元上昇に追いつけるよう、人々はスピードをつけて自らの次元を上げなければなりません。

それは理論、理屈の世界ではなく、直感的に宇宙の気を受け取り、学ばなければならないところまできております。もちろん、現世の学問や教育、科学や芸術、医学、宗教、政治などが今すぐ必要なくなるというわけでありません。

これらも、まことの自然界から学びますと、楽門、楽しい門に変化するはずです。本当は、もとは一つから発しておりますのに、そのように分けることもナンセンスと思われます。神の子であれば、全部がわかって当然なのです。

いずれにしろ、言霊の使い方にすべてが委ねられています。神代文字を学ぶ意味もそこにあります。言霊を言霊たらしめ、言霊により自らの意識を高め、そして、宇宙の次元上昇に一役買っていただきたいと、この書を贈らせていただきます。

上野の森の一角のメタセコイアの見える一室にて

安藤妍雪

第一章　神代文字が表す宇宙と森羅万象

私たちの存在する宇宙をふくむ世界は、宇宙創造の神様の真姿（似姿）といわれています。もちろん、私たちの身体も同じです。あらゆることのヒントは、すべてこの宇宙の中に存在します。そして神代文字には、その宇宙が凝縮されているのです。まずは、宇宙から考えてみましょう。

宇宙とは

宇宙とは、いったい何でしょうか。単に無限の空間の広がりでしょうか。

私は、様々なエネルギーで構成され、次元という名で示されたもの、それを宇宙と考えております。つまり、天地創造のための様々なエネルギーが、想念を持って動き（連動し）造り上げたものを宇宙といい、宇宙は、人の目には見えない細かく強いエネルギーが、その中心から荒く弱いエネルギーへと回転しながら降りてきて、人の目にも見える世界へと連なる形となっています。

光のエネルギーの世界から物質化してくる仕組みが、宇宙といってもいいでしょう。ですから、初めは光のエネルギーだけの存在でしたが、古い時代のある時より、元素という型で現されることとなりました。

そして、人の目に見えない、細かくエネルギーの強い世界を霊《たま》といい、すべての元の所となります。そのエネルギーは、数霊で示すことにより理解可能となり、それを数理といいます。

一番、大切なことは、この宇宙の仕組みと人のヒナガタの仕組みは、まったく同じであるということです。つまり、天地創造の仕組みと人の仕組みは同じものなのです。

この宇宙の仕組みをミロクの原理といいます。3という数霊が基本となって成り立っています。五徳は、囲炉裏や火ばちの中に置き、鉄瓶などを載せる台のことですが、この五徳は3本の足によって支えられています。「五徳の足は三本」という教えは、「毛利元就の三本矢の教え」にも通じ、すべてのことがらは、三つの組み合わせが基本となっていることを教えています。キリスト教でいう、三位一体も同じことです。

本当の自分が想念を起こし、その想念の反映が肉体です。不思議なことに、その肉体は宇宙につながり、その構造と一致しています。ですから、人間にとって想念の転換がもっとも大切で、それが宇宙をも変化させることができるのです。

地球とは

銀河系の中の一つの、水に囲まれた球体。それが地球です。天地創造主のエネルギーによって造られ、その中に生かされている生物は、すべてバランスよく造られています。その球体（地球）が栄えるため、創造主の心を伝えることのできる知恵を操った人間を参加させた、つまり天地創造主の芸術のたまものでもあるのです。

また、森羅万象も、担当するエネルギーの想念によりでき上がっています。火と水という基本的なエネルギーにアイ（天意）が加わり、真に精巧にできているのです。ですから、人類が勝手にそのバランスを崩すことは許されません。大切な私たちを生かしてくださっております源を失うことになるのです。

人とは

銀河系の中の惑星の一つの地球に創造主が高次元＝神のエネルギーを結集させ、五という数理を元にヒナガタを制作された、尊い肉体を霊魂（注意）の回りにまとっているのが人です。その仕組みは、霊細胞、幽細胞、肉体細胞の三層からなり、宇宙の仕組み、つまり、火水土、天空地、神幽現と同じく、三位で一体となり、相即相入、密実一体（水ももらさぬ一体化）としてあります。

また、肉体の中心には、チャクラという音霊と波長の合う所があり、脳の中の松果体のあたりに主魂（神の分魂）が入魂され、全身が動けるようになっているのです。その様子を図1に表してみました。ご参照ください。

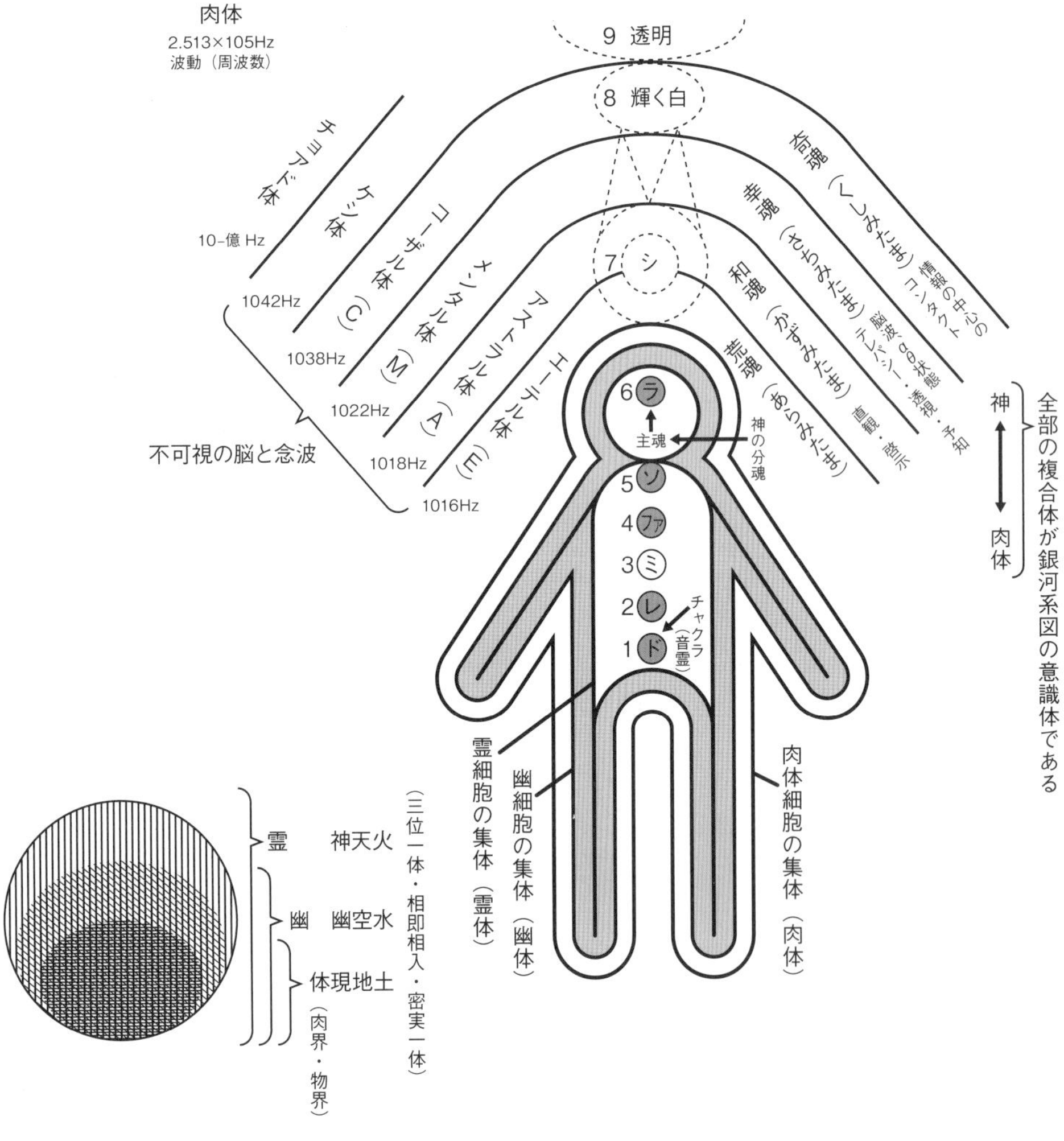

図1　人体の実相
人体は肉体だけでできているのではない。霊体、肉体、幽体の集合体といえる。
そして、チャクラや魂など不可視の部分のはたらきが大きい。

創造主の願いは、人が代行者として知恵（智慧）を使うことで、地球が弥栄え、皆が幸せになることです。そのために天意《アイ》のエネルギーを誰にでも送られています。その指導のもと、今もなお、私たちは生かされていて、創造された時のような霊魂に戻れるよう修練も日々行ってくださっておられます。

それをミソギともいうのですが、宇宙の法則に従い、自分の出したものが戻っていることを理解したなら、気づかせていただいたことに感謝し御礼いたし、乗り越えていくことができます。

一番早い解決法は、人に尽くしきること、つまり、神様のように太陽の光も清らかな水も与えっぱなしで育んでくださっておられる御心と同じになることが大切ではないでしょうか。あとは尽くしてくださる人生しか待っていませんから、幸せは保障されます。

尊い自分、尊い他人、尊い自然界の支えに感謝です。

人は、霊を止どめる、霊止《ひと》です。第四次元のハセリミ神界の皇統第一代　天日豊本葦牙《アメヒノモトアシカビ》氣皇主天皇《キミヌシスメラミコト》のエネルギー、つまり、統治されております時代に、人は創造されました。

それが五色人です。黄、青、白、黒、赤色の五色に分かれ、肌の色がそれぞれその色となっております。そのうち、黄人《きびと》は、支那および沿海州の人種で、日本人の黄色と異なります。日本人の場合は、黄人といっても、「おうびと」、あるいは「ひびと」と読み、「きびと」とは全く根源が異なるのです。

人体は、火、水、土の三質から約二万年の歳月を経て、初めて男体を完成させ、これを大地の上の将軍（大地将軍）と名付け、男人祖といたしました。また、女人体は、男人祖を標本にして竜體より化成創造され、それを女人祖としたわけです。

つまり、人類の基は、第五次元カガリミ神界にあります。人祖の出現は、天地剖判が出現された時でもあり、人類は宇宙の万生万有、森羅万象、等、物質的構成の威力が多く、最も代表的存在でもありました。

五色人のあと、地上に初めて五十五人の相違なる身魂の個性を持つ人々の集団を完全なる一個の社会と称する意味で発生させ、人類の基礎として、人類界の出現となったのです。

そして、皇統第四代天之御中主天皇《アメノミナカヌシスメラミコト》の時、五色人の世界大分布大教化時代が始まったのです。天之御中主大神様のおはたらきについては、図2をご覧ください。

中性子（水素原子）　H

＝

天之御中主神

高御産巣日神《タカミムスビノカミ》の御子＝思兼神《オモイカネ》

両方のエネルギーの結合・調和・完全なる一致

神産巣日神《カミムスビノカミ》

高御産巣日神の御子＝思兼神について

天照大日大神御出現の時、その謀（はかりごと）をした神代文字担当者です。

天之御中主神は心と物・平和・安楽・生活・思想・政治・全てのものを、精神と物質の調和、つまり「結び」において、一切のものを解決し、生成化育発展させて尽きるところがありません。

この原理、この真理が古代日本民族の思想でした。

図2　上古第四代　天之御中主大神様のおはたらき

上古第四代天之御中主大神様は、精神と物質の調和にはたらき、地球や人類の生成化育発展に尽力されている

言葉とは

言霊を木の根と幹とすれば、葉にあたるのが、言葉です。

人の霊魂から想念、そして心へとエネルギーは移ります。そして、言の葉となり発せら

れます。これがまた、霊の世界が元ですから、幸、不幸を左右するのです。よく最近では、「ありがとう、感謝等々、他人に対して喜んでいただけるように発すると幸せになりますよ！」といわれるようになって参りました。

しかし、真の意味が解って言の葉を心の奥から発しませんと、なかなか創造主には通じません。「有り難う」とは、今、有ること難しいと申し、今、この世に存在していないかもしれないという心、つまり、母親を通じこの現世に出され、様々なことを味あわせていただいている事実に、苦しいときほど感謝！　感じていることに許しを乞《こ》うということもありましょう。そして、気づかせていただき、頭が下がるという真の心がなくては、いつまでも気づきは続きます。この気づきは不幸の形で現れます。そして、それがミソギともなるのです。

実は、言霊にはエネルギーの数理がつきまといます。アオウエイ　アイウエオ　アエイオウのように……。

表（表１・表２）をご覧下さり、ご理解してくださると幸いに思います。これもまた、三位一体です。物質の元である元素が現れた順も言霊・数霊と対応しており、数理と化学元素と言霊の吹上げが運命を決めます。

日本はとくに言霊の幸《さきは》う国といわれています。創造主から発せられるエネルギーの意思が光となり、言霊となり、地上への権現（代行者／現津神）に下され、言霊の幸きはう国となりました。

それが今から約二十三万年前に、言霊とともに文字がデザイン化され、その波動が光に合体し、現津神が中継となり、三位一体の最高の言霊ができあがったのでした。そこから、神は光なり！　といわれるようにもなりました。

コトバや文字は本来神が人類に統一して造らせあるもの奥義と秘義は神理によるほかなきを知るべし

■神代文字とは

右図の音霊数は、振動数＝波長＋粒子数:メタ・メカを息吹かせたものである。
「アカサタナ……」の順序は、天地創造のためご出現なされた神様の順番であり、神代文字のスタイルもその つど変化している。

「音霊(オトタマ)」ア(1)イ(5)ウ(3)エ(4)オ(2)

～2+17+16+31＝66 → 12 →3　～言語・エネルギー

〔色霊《イロタマ》〕ア(1)イ(5)陽ウ(3)エ(4)オ(2)　光・音・色
振動数　(40)陽　(48)　(39)
‖
波長 ～1+2+3+4+5＝15 → 6　～回転軸
〈天津神菜木〉

〔数霊《カズタマ》〕ア(1)オ(2)ウ(3)エ(4)イ(5)　電気・磁気
〈天津数和祖〉

〔音霊《オトタマ》〕
粒子数：メタ・メカ

〔言霊《コトタマ》〕ア(1)エ(4)イ(5)オ(2)ウ(3)　気理・事物
〈天津太祝詞〉

息吹き

■大自然の言葉(霊)は数と形なり

■数と形は世界の共通語

カンピューター(智慧)　コンピューター(知識)
大自然数理(数霊)と人工数学は異なる。

■自然支配に勝つことは出来ない

誰もエネルギー・時・光・波動・電気・磁気・熱・力・風等のそのものを見た人はいない。媒体との結果を通して知っていることになっているだけである。
影と結果は光と原因から起生する。それらは粒子一元論前提の振る舞い(左巻渦集中)から発し波を生ず。

■日本太古言語祖源解

アオウエイ・イロハ・ヒフミ(完結)

1	H	あ	26	Fe	は	51	Sb	が
2	He	お	27	Co	ほ	52	Te	ご
3	Li	う	28	Ni	ふ	53	I	ぐ
4	Be	え	29	Cu	へ	54	Xe	げ
5	B	い	30	Zn	ひ	55	Cs	ぎ
6	C	か	31	Ga	ま	56	Ba	ざ
7	N	こ	32	Ge	も	57	La	ぞ
8	O	く	33	As	む	58	Ce	ず
9	F	け	34	Se	め	59	Pr	ぜ
10	Ne	き	35	Br	み	60	Nd	じ
11	Na	さ	36	Kr	や	61	Pm	だ
12	Mg	そ	37	Rb	よ	62	Sm	ど
13	Al	す	38	Sr	ゆ	63	Eu	(づ)
14	Si	せ	39	Y	(え)	64	Gd	で
15	P	し	40	Zr	(い)	65	Tb	(ぢ)
16	S	た	41	Nb	ら	66	Dy	ば
17	Cl	と	42	Mo	ろ	67	Ho	ぼ
18	Ar	つ	43	Tc	る	68	Er	ぶ
19	K	て	44	Ru	れ	69	Tm	べ
20	Ca	ち	45	Rh	り	70	Yb	び
21	Sc	な	46	Pd	わ	71	Lu	ぱ
22	Ti	の	47	Ag	を	72	Hf	ぽ
23	V	ぬ	48	Cd	(ヴ)	73	Ta	ぷ
24	Cr	ね	49	In	ゑ	74	W	ぺ
25	Mn	に	50	Sn	ゐ	75	Re	ぴ

表1　日本語の音霊数と元素記号

言葉は数(数霊)で表すことができる。同様に元素も数霊で示され、これらはエネルギーの現れの相違といえる。

霊のかたち

霊には言霊・音霊・数霊・型霊・色霊などがあります。

ここで言霊の実験をいたします。

ナムアミダブツを続けて唱える。次第に声が静まります。

ナンミョウホウレンゲキョウを続けて唱える。すると、次第に声が高まってきます。これが言霊の効果です。

太陽を拝する。大自然にエネルギーがあり、その手近なものは太陽ですので、太陽を拝する時にアマテラスオオヒオホカミと唱えるのは言霊を働かせることになるのです。

ちなみにホモサピエンスが言葉を話すことになった年代は、二〇万年前ということです。

音霊――祝詞を唱えるとき、長棒、鈴、拍手などを使用するのが音霊です。なお、礼、拍手は神に対して無防備であることを示しています。

数霊――すべてのものは数からなります。

型霊――十字の神のシンボルや、神社のイコンのことをいい、それらはエネルギーをもっているのです。

色霊――意識により好みの色が変わってくるのは、エネルギーを無意識に働かせているからです。

これらのそれぞれのエネルギーを活用することが大切なことですが、それではどうすればよいのでしょうか。

それは「大自然をもって教典となす」ことです。そして感受性を豊かにし、霊性を高めることが必要です。

表２　霊《たま》のいろいろ

霊には、言霊だけでなく音霊、数霊等いくつか種類がある。これらはエネルギーの性質の違いによる。

文字とは

言葉を目に見える形に表したものが文字です。現代文字にも元があり、古代和字にも元があり、世界の文字にも元がありました。

そして、古代和字の元が、世界の文字の元となり、現代文字になってきたのです。

日本の古代和字を神代《かみよ》文字ともいい、音霊《おとだま》数と対応させると、表3のように表すことができます。

下の図にあります音霊数は、振動数＝波長＋粒子数メタ・メカを息吹かせたものです。

「アカサタナ……」の順序は天地創造のためご出現になられた神様の順番であり、神代文字のスタイルもそのつど変化しています。

宇宙絶対の法則によれば、万物はエネルギー粒子の集中によって、数と型で表されます。そして、エネルギー粒子の集中の仕方がそれぞれ違い、その最小単位の表現の仕方が、文字と発音になったと教えられています。したがって、数組織と発音は表のように普遍であります。

濁音					陰の正音					陽の正音				
パ 71	バ 66	ダ 61	ザ 56	ガ 51	ワ 46	ラ 41	ヤ 36	マ 31	ハ 26 Z	ナ 21 U	タ 16 P	サ 11 K	カ 6 F	ア 1 A
ポ 72	ボ 67	ド 62	ゾ 57	ゴ 52	ヲ 47	ロ 42	ヨ 37	モ 32	ホ 27	ノ 22 V	ト 17 Q	ソ 12 L	コ 7 G	オ 2 B
プ 73	ブ 68	ヅ 63	ズ 58	グ 53	ウ 48	ル 43	ユ 38	ム 33	フ 28	ヌ 23 W	ツ 18 R	ス 13 M	ク 8 H	ウ 3 C
ペ 74	ベ 69	デ 64	ゼ 59	ゲ 54	ヱ 49	レ 44	エ 39	メ 34	ヘ 29	ネ 24 X	テ 19 S	セ 14 N	ケ 9 I	エ 4 D
ピ 75	ビ 70	ヂ 65	ジ 60	ギ 55	ヰ 50	リ 45	イ 40	ミ 35	ヒ 30	ニ 25 Y	チ 20 T	シ 15 O	キ 10 J	イ 5 E

中臣の大祓宣言
アメノコヤネノミコト
ニニギノミコトと共に天孫降臨し祝詞・言霊を司る神

表３　神代文字と音霊数

万物は、アオウエイから始まる五十音図で表すことができる。アオウエイそれぞれはエネルギー粒子の数と型が異なり、音霊と対応することとなる。

言霊を息吹かせたものが文字となり、型となりました。ですから古代人は、文字を書くことにより、神様！　つまり創造主と連なり、いつも離れることなく、一体化し、特別神社は必要なかったのです。

しかし、今でもその名残りが古い神社には残っておりまして、神社名等が古代和字で書かれております。昔の宮司様は、良く学び、神様を降臨させることもできた証が見られます。

古代におかれましては、言葉と文字そして言霊は合体しており、ごく自然に発し、創造主と共に楽しく過ごし、平安で弥栄えの時を送っていたことと察します。

日本語の始原には、超太古の神様が関わっております。超太古の神が、生命エネルギー粒子の集中および息吹湧出を行い、その気を数でもって示しました（数霊）。そして、それを核から球面に遠心放射状に配置し、その後に文字と発音を創出したと考えられます。神人神星像形カナ文字を基調とし、時とともに数百種類の神代文字が造られてきたのです。数組織と発音は不変で、文字のみ変わり、今の文字に至ります。

この神代文字創造のご担当者が高御産巣日神《たかみむすびのかみ》の御子である思兼神《おもいかねのかみ》です。天照大日大神《あまてらすおおひおおかみ》ご出現の時、神代文字創造のはかりごとがなされ、思兼神が担当なされたのでした。この思兼神と神産巣日神《かみむすびのかみ》のエネルギーが結合・調和し、完全なる一致をみた存在が、天之御中《あめのみなか》主神《ぬしのかみ》です。上古第四代の天皇《すめらみこと》を勤められました（天之御中主天皇）。

次に、今、なぜ、古代和字をメインに様々な分野をお話させていただいているか、そのわけを述べさせていただきます。

私の家はご先祖様より書の道にたずさわり、私も三代目を継ぐことになりました。書に親しむうちに、すべてに元があるはずだということに気づかされ、古代史を学び始めました。その結果、古来より日本には独特の文字があり、それらが世界の文字の源をつかさどっていたことが解りはじめました。

それは、ただ、知ったというだけではだめで、大変意味深いことが隠されていたのです。

つまり、科学（神学）に連なり、自然界、宇宙へと広がっていて、理解不足ですと、永久に自分の存在さえも分からずじまいになるおそれがあったのです。ご先祖様が教えてくださいました学びでは、日本の文字は中国の漢字から入ったとされ、変体仮名はすべて漢字からくずされてきておりました。

このようなことでは、日本人として日本の文字はないことになり、日本の書道家を名のることなどできやしない！と思い、外国にも足を運び始めました。驚いたことに、菊の紋章のある所に、古代和字が書かれていたのでした。昔の地下都市といわれている所等は、目に触れないように隠されておりました。そのような所には、日本の言霊が今もなお、使用されていたのです。

だんだん調べているうちに、「世界の言語は元ひとつ」という結論になったのです。

このように分化にいたしましても、元があり、地球の国々に広がり、それぞれ特長を持ち、国を現していることは、真にすばらしいことであり、すべての国がその特長を生かし、他国に提供していったなら、世界はまだまだ進歩と進化ができるのではないかと思います。

このような心で勉強させていただいた結果、文字を媒体にして、エネルギーの世界、想念や霊魂の世界に至るまで理解することができました。そこで、人々が尊さを自ら気づき、大切にし、助け合う地球人となられますよう祈りつつ、説明させていただいているわけでございます。

文字は書いてみて、初めて解る世界です。古代和字（神代文字）は、神の波動、ご性格の波動を我が身で受け、毛筆で表現して行くという作業ですが、だんだん、運命も変化していくことが実感されることでしょう。病の気は近づきません。

現代はストレスが原因で病になることが多く困ったことですが、現在、医学が至って、原因を軽くする仕組みも起きてきています。環境も人々が努力し、良い方向に行くと信じています。

まず、考えの元、「知恵」を「智慧」に戻すことが大切です。そして根本療法は霊魂の浄化が基本ですから、それには、創造主のエネルギーを頂戴して、戻していくいただくことしかございません。

したがって自らが行うことは、創造主の波動を表現することに努力し、喜んでいただけるようにすることです。地球および宇宙の浄化は、浄化していただけるような倫理を持つところから始まります。

人間の文字はカタカナから始まりました。文字は、五十音字で表すことができますが、その発明は、高皇産穂《たかみむすび》男神です。

そして、言霊・音霊に帰一し、五十音のうち、前の五行（アカサタナ）を言霊学では、霊音といいます。これは神界の神の御名であり、高天原の神の御名ということです。

五十音の配列の陽の正音の中央に「ス」という字が置かれていますのは、神代において、スメラミコトがこのカタカナを編み出されたときに、ス（主）の神様に配慮されて、配列されたからです。

なお、スとは目に見えない世界を表現するともいいます。

また、漢字の起源も解らなかったのですが、最近の中国の学者の研究では、漢字の前に天（篆）字があり、その天字は、卜《ぼく》字から出ており、卜字は殷字から出ていると明らかにされています。

さらに殷字は象形文字であり、象形というと、「象形《カタ》であり、日本ではカタカナとなり、神名《かな》を形にしたものがカタカナ（象形神名）、カタカムナ（形神名）ということになったのです。

したがって、カタカムナ＝カタカナは、自然界（至善界）のエネルギーを現すのに、一番簡単な作業でした。

ちなみに中国漢字の元は、四四〇〇年前、不合三代真白玉真輝彦天皇《あきあえずましらたまてるひこすめらみこと》のテイヒモジがアレンジされたものです。また不合二十四代天饒國饒黒浜彦天皇《あめにぎくににぎくろはまひこすめらみこと》の時に、バビロンモジというのができましたが、それは、天体の運行、諸元素の構成を表しています。

つまりカタカムナ・カタカナとは、人間界の理論づけではなく、あくまでも宇宙の摂理であり、神理《しんり》です。「初めに言葉ありき！」の意味を深く知ることにより、霊魂《みたま》で感じられる世界が言葉です。それが最も重要なことです。

大切なことは、そこから宇宙に存在するすべてのものが、鳴り成っていることなのです。たとえば、十二支を考えてみましょう。子、丑、寅、卯、辰・・・と、続いていきますが、今は、これに動物を当ててしまっています。ご存じのとおり、子はねずみ、丑は牛、寅は虎です。ところが、本来の意味は違っています。

「子」とは、子どもが両手を動かす形を象ったものでした。土中の種がどんどん伸びて芽が生え始める状態を示しています。それがねずみになってしまったのは、鼠が強い繁殖力をもっているところからといわれています。「丑」以下も同様で、詳しくは、表4を参照してください。

実は、この十二支は、十二方位を表しており、もともとは十二方位が初めです。これは、天皇の皇子の御名が元になっています。それが十二支となり、十二方位に配された皇子たちが十二支の守り神となったのです。

このように、文字には森羅万象が込められているのです。

子	十二月	時間 23.00～1.00	方位 北30°	三合 水局	申辰 支合 丑	小児が両手を動かす形「孳」えるの意。 土中の種子がどんどん伸びて芽が生え始める状態を示す。（万物滋る） 鼠は繁殖力が強いため「子」を配当した。（妊養） 素直・小心・現実的・几帳面・鋭敏・器用・勘有創意・性急
丑	一月	時間 1.00～3.00	方位 北北東30°	三合 金局	巳酉 支合 子	「紐」の意。土中の芽がつぼみの中で固く結んだまま充分伸びていない様を示す。（牛ニューと紐ニューの音声が似ている）紐はモツレ葛藤を示す。「ヒモ」のモツレの状態を示す。 強靱な生命力・正直・剛情・偏屈・強弱気共存・表面柔和・内面強情・自尊心高く親分肌・涙モロイ
寅	二月	時間 3.00～5.00	方位 東北東30°	三合 火局	午戌 支合 亥	草木が土中で成長の時期を待つ屈伸の陰強を示す 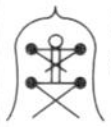 形原字・膝の屈伸・慎重及び風林火山的質・堅実・純情・組織力の才有り・自尊心強大・大業指向・リスクある事に挑戦・義理人情・正統・向上心
卯	三月	時間 5.00～7.00	方位 東30°	三合 木局	未亥 支合 戌	 大地から芽が出る＝うさぎの耳の形＝卯となる。 大望大成に憧れ自由主義的な遠大な計画をする・多情性・柔和・快括・悠長で人を信用し早合点の軽挙妄動の兆あり・感受性鋭敏・華と静・献身と保身の二面性あり・潔白と虚栄
辰	四月	時間 7.00～9.00	方位 東南東30°	三合 水局	申子 支合 丑	蜄 ハマグリ 太陽気と共にふるい伸びる。万物陽気と共に振起する。 気位高く剛気・勇気・積極・自己顕示欲・一徹剛情・竜頭蛇尾に終る事多い・虚栄強く賞賛を望み優越是・多情多感の艶福家でもある・吉凶厳しい・涙もろい
巳	五月	時間 9.00～11.00	方位 南南東30°	三合 水局	酉丑 支合 申	草木陽気と共に盛を極め、達すると共に巳の字は蛇が首をもたげて追い歩く姿を示す。巳とは「陽気すでにつきる」、巳は「巳ヤム」である。ここで止也。 虚栄的誇高さで人を見下す風が有・神経質で猜疑心強・緻密な思考力有・深阻遠謀で用心深い・㊙主義 信じると猛進する・好き嫌激しい・研究心旺盛用意周到
午	六月	時間 11.00～13.00	方位 南30°	三合 火局	寅戌 支合 未	杵＞午＝交差する意。（上下してつく）（上下にくいちがう、犬歯と同じ）また、牾も同義であり、「さからう」である。融合と離共存。 陽気・交際上手・外見・見栄・お山の大将的直煥力有・多弁言行不一致・頭の回転早く機転がきく・言動活発・素直で正直だが締めの管理面では整合がむづかしい
未	七月	時間 13.00～15.00	方位 南南西30°	三合 木局	亥卯 支合 午	果実の期に入り滋味を内包し始める。未成熟の果実。 思考力と研究心旺盛で強情な面あり（反逆精神） 孤独性・防衛本能・危険防止能力等をもつ・母性的な内質有・剛と柔の二面性をもつ
申	八月	時間 15.00～17.00	方位 西南西30°	三合 水局	辰子 支合 巳	果実たわわとなり熟した状態。秋の収穫の前の状態。 大自然の実の利を得ている状態から明朗活発・演出的であり個性に見合ったやり方をする・名誉欲・独専欲・まけず嫌・軽卒性急・策略・手八丁口八丁的言行・反面ルーズなところあり
酉	九月	時間 17.00～19.00	方位 西30°	三合 金局	丑巳 支合 辰	原発は熟した実を猿が大木の凹の中に入れ酒をつくり、それを見た人間がまねる。従って兄＝悦・成熟・陰の蓄積・年の収めなど。 如才なさ・表現・社交等有・凹の中での悦び事・凹→外＝客観性有と同時に凹の中の計算は正確・ニコニコして君子危きに近よらず損をしない
戌	十月	時間 19.00～21.00	方位 西北西30°	三合 火局	寅午 支合 卯	万物は土化に入る期間であり、収蔵と蓄蔵の季節である。「戌」の字「一」＋「戈」＞作物を刈り一纏めにして収穫するという。 大自然の年代謝で此の期は草木衰滅土化の始り期 義務感・柔順・素直・献身・保守性等を示す。
亥	十一月	時間 21.00～23.00	方位 北北西30°	三合 木局	卯未 支合 寅	荄しんのある草の株、荄をいう。陰の気質を示す。 自我・一徹・直情猛進・融通効かず 種銭投下的経済観念・無口沈黙の言行 用意周到・意志強固・忍耐

数字化（時間・空間・言語螺旋進行の序列はすべて数字化は可能です。）

ピタゴラス（紀元前570～504）は「万物は数である」といい、また秩序正しい「コスモス」とした。（大自然の大回転の律動）日本の古代にても、言霊→数霊→音霊と発展し、五十音が数で示されています。

人間がある時間と場で対人・対物に出会ったとき、生命から湧出する息吹きが閃き、直観で言葉が出ます。そのパラダイムが音霊表です。

「神は言葉と共にありき」はそれです。大自然のエネルギーが集中し渦流（螺旋左渦巻き）となり不可逆進行します。その相対通過の一瞬一瞬が時であり軌道上のAとBを設定するとき時間といいます。更に集中したエネルギーの質量に見合った空間が出来ます。時間は進行に序列があり、これはすべて数で表す事が出来ます。

「ミクロ・パラダイム」は大自然エネルギーと生命エネルギーとのかかわりを示し、立体相似形比率です。数にはそれぞれの意味があり、時間と共に軌道に従って数が顕現され、それなりの象意を是なり非なり示します。

存在の創造者は大自然のエネルギーで時間と共に変化して、行き止むことはありません。それらを適確に捕えて数字化し、解析できます。すべて5W1Hにおいて、今と先に役立つ事即ち予知予測が可能で、その対処ができます。

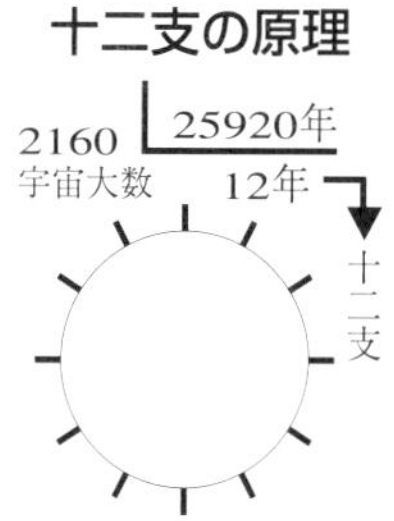

表4　十二支の成りたち

子、丑、……と始まる十二支は、十二方位が元になっている。子、丑、……は動物を表すのではなく、自然界の様子を字に象ったものである。

なぜ、言葉と文字の学びが必要なのか

私たちは、日常生活においても人々とのかかわりのなかで、生かされています。そこで、神様との意思の疎通も大切ですが、人々との意思の疎通も大変大事なことでございます。

それには、正しい言葉の使い方、文字の伝え方が基本になります。メディアにおきましては、簡潔化して頭に入りやすくさせようとしてか、短縮化された言葉で伝えようとする傾向があり、言葉の意味が正しく使用されていません。そのような時代を現代というのでしょうか。進歩も進化もしておりません。むしろ進化でなく退化に向かいつつあるように見えます。

言葉の話せない赤ちゃんでありましても、お母さんのおなかの中にいる時に言葉かけをいたしますと解ります。ちゃんと耳を傾けているのです。五か月以後は、大変重要な時期で、産まれてからでは遅いのです。

産まれ出てから、子どもは、こんな親だったか！とあきれて反抗して参りますと、教育という名のもとに殺してしまう現代！いったい、どうなっているのでしょうか。

誰でも幸せになりたくない人はいません。しかし、自らが幸せを配らないで、なんで幸せを頂戴する権利がありましょう。私共人として大人であるならば、このような原理をやさしい原理と思いだし、それをしっかり実践してこそ、成人式を過ぎた大人といえましょう。与えっぱなしの愛！　思いやり！　それは、基本的な生き方だと思います。

今の地球のよごれは、人の想念のよごれが引き起こしたもの、元に戻すことは大変時間がかかります。動・植物を犠牲にし、目に見える欲心に走ったあげくを、経済の向上のためなどと理由づける経済学等もあるくらいです。

もはや、経済学におきましても霊的経済学と申し、目に見えない世界をととのえてのち現実面を現してこそ、人々を幸せにできる経済が実現化するという考えが生まれてきます。

図3に示した通り、人の魂と潜在意識、健在意識が想念や心だけでなく、現象界をも司っているのです。

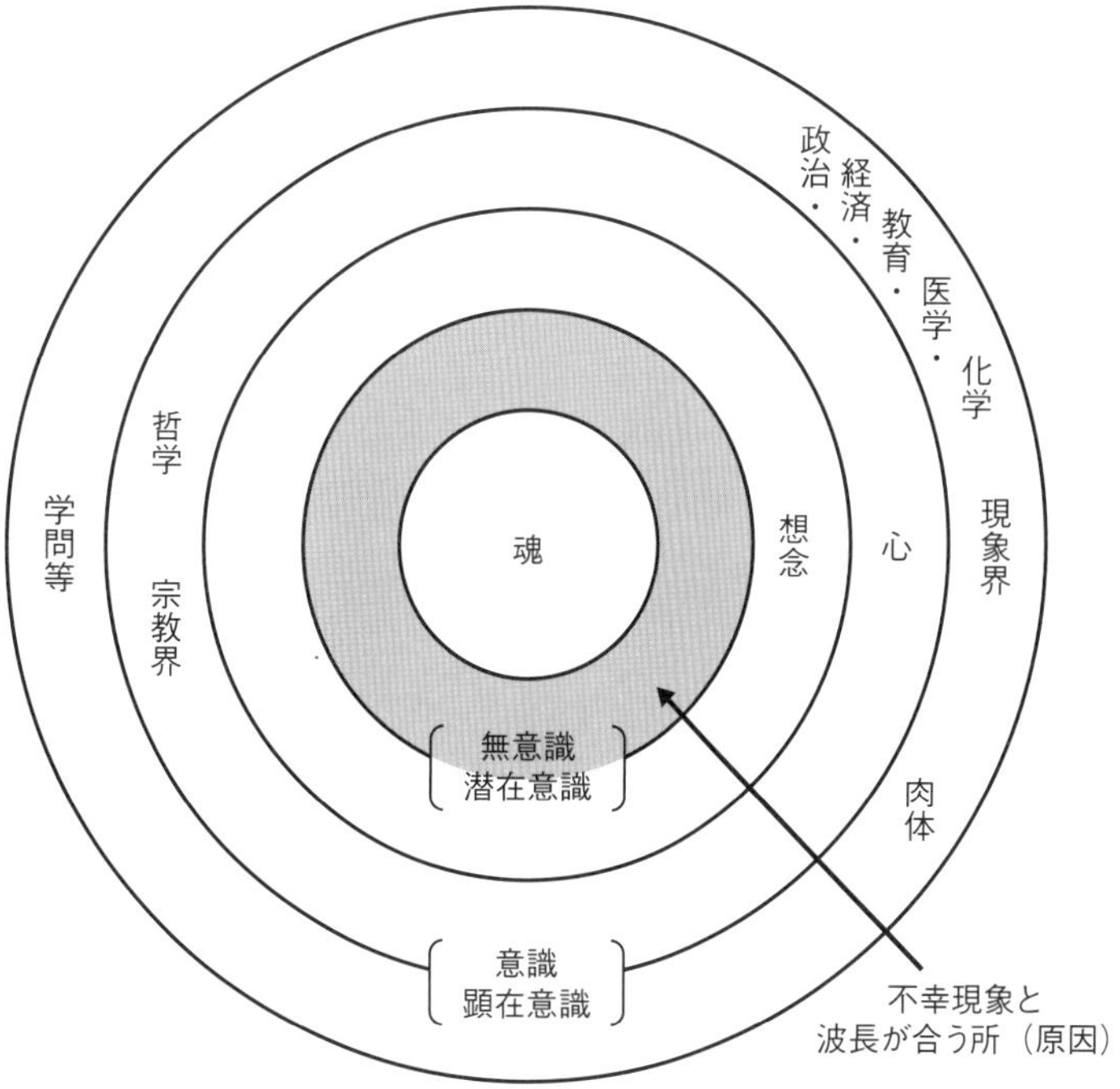

図3　人の魂と想念と現象界

人は魂を中心としてその周りに潜在意識と顕在意識が取り囲んでいるといえる。この顕在意識は現象界を内包していると捉えることができる。主導権を握っているのは意識の方だ。

今の政治、経済、教育、宗教、医学、化学の中から、何か、真実のものを見い出せるでしょうか？　私たち個々が、この自然界つまり宇宙構成の根本的置手、すなわち宇宙天地万生の創造と運営、そして民族、人生の興亡、歴史、思想、文化を見直して、考えてみる必要があります。

それには、言葉（言霊）や文字が基本的に必要になります。どうしてかと申しますと、文字にすれば理論的に説明できるからです。古代人は古神道にみられるように、すべてが一体となり、霊魂《みたま》の世界でエネルギーとして感じ取ることができておりました。ですから、あえて文字は必要なかったかもしれません。

ところが現代人は、分析・解析が好きですから、とくに言葉や文字が必要になってきたわけでございます。つまり、現代人は、真理（神理）を中心とすると、遠心力から求心力（真理から離れてしまったので近づこうとしている）へと変化しているわけです。それを図（図4）にしましたので参照してください。

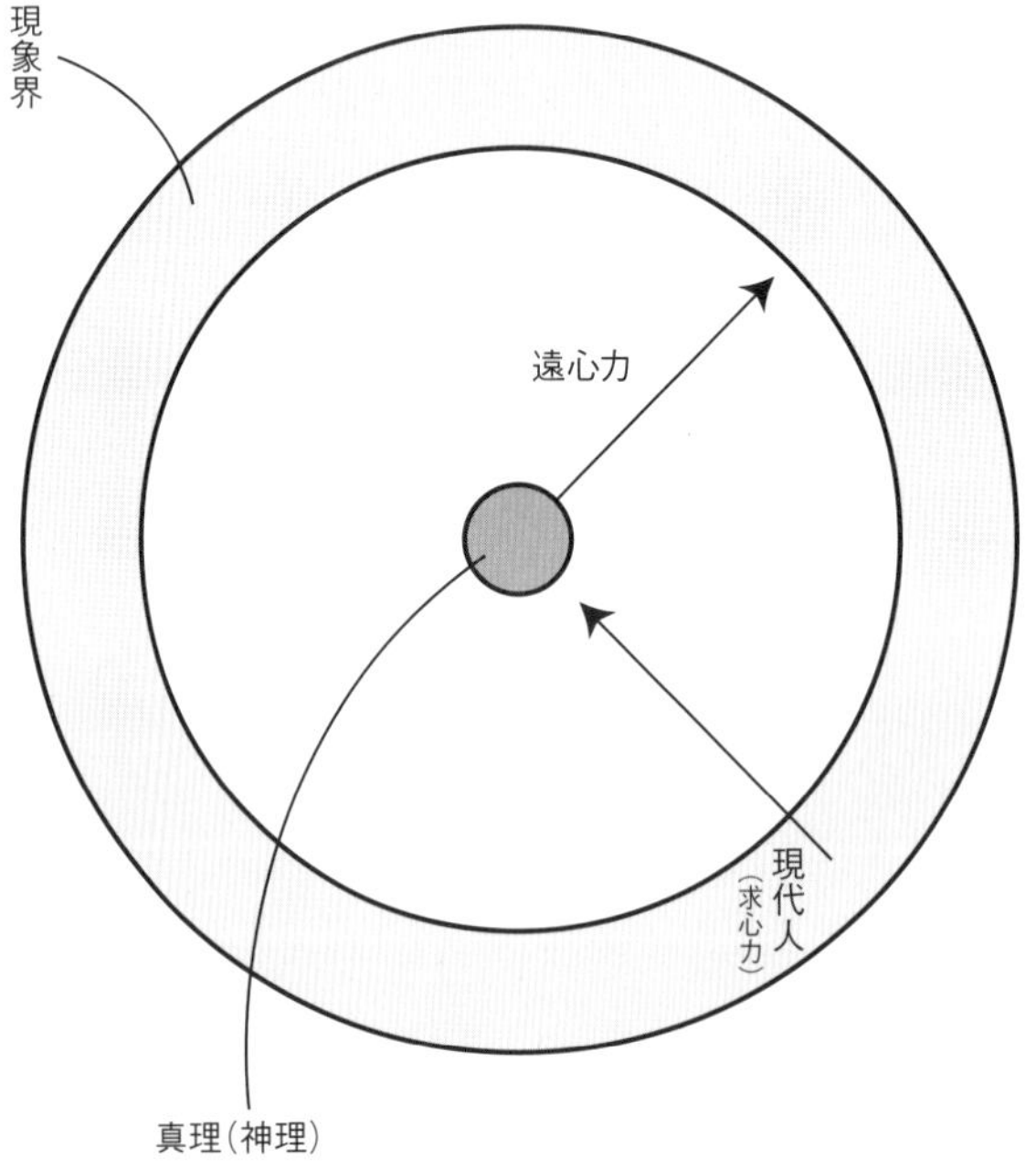

図4　真理に対する遠心力と求心力
古代人は真理を知っていたので、外に向けてそれを発信していた（遠心力）。現代人は現象界を通じて真理を求めている（求心力）。

在りて有るもの、幸せとは

昔、モウシェが「在りて有るもの」と天地創造主をお呼びした、そして神を表現したのでした。古代には、今のように神社は存在しませんでしたが、今は神社や宗教に神様の存在を求めて足を運ぶ……。なぜでしょうか。

足を運んでいる自分は、いったい何なのでしょうか。

ただ、漫然とした気持ちで良き磁場を求め、そこに自分を置く……。そして何ごとかを考え、祈りと願いを一緒にしながら、何分か、また何時間か神妙な顔をしている。なかには、祈詞を上げる方もいらっしゃる。

それで何が解ったのでしょうか。私たちは、ご承知のように、霊魂に肉体という着物を着せられ生かされて、五体という型もしている。そして、眠っている時も心臓が動いている。死ぬという作業がくるまで動き、精神というものがはたらき、考えることも許されています。

神社も良い、宗教も悪くはないのですが、その前にもう少し自分を見つめてみてはどうでしょうか。宇宙の中の自分！　地球の中の自分！　宗教の中の自分！　等々、それこそ考えることはたくさんあります。そうして尊い自分がそこに写し出されていることに気づいてほしいのです。

では、その尊い自分はどのようにして造られたのでしょうか。父、母、ご先祖様、その上、またその上とたどっていけば、真に科学的であり、物理的である、神理（真理）が手を広げて待っています。

その正しい理解を得ることこそ、「在りて有るもの」がお喜びくださることなのではないでしょうか。私たちは、あくまでも神の子、神の代行者として、この地球に置かれ、生かされているのです。それだけで感謝でございます。あとは、地球を創造された方のお邪魔にならぬよう生かさせていただく以外にありません。

それには、理論的な説明も必要となり、初めは、頭脳で理解していただければ結構です。けれども、それだけでは足りず、そのあと体験的なことで、それを深めていただくことが大切であり、究極は創造主の元に戻ることが目的となります。

それまで、現実界と思える目に見える三次元界において過ごすことになります。それ以外に何もありません。物は、目に見える世界での生活には必要であり、また、楽しんでもらうために創出されているのです。

それが、社会および経済につながって行くわけでございます。わたしたちは、生かされている目的を失った時に肉体を離れ、それまでの人生の興亡等を体験として味わうわけでございます。

ここで宇宙の仕組みを三十字の理で示しておきます。表5をご覧ください。なお、表5の内容は、恩師である真光の岡田光玉師より伝達いただいたものです。

火の精霊（火霊《ひだま》＝火玉）	水の精霊（水霊＝水玉）	土の精霊
陽子（中性子）	電子	中間子
天	空	地
日	月	地
五	六	七（アミタ）
原子核	一電子	風物質（土）
先祖	我	子
親	子	孫　生物存続の働き（非絶滅）
夫	妻	子
霊（主）	心（従）	体（属）
心臓（火）	肺（水）	胃腸（土）
気体	液体	固体
頭	胴体	四肢
統治者	民	国土
資本	労働	資源施設資材
中心	引力	斥力
軸	輻	輪
神	幽	現
神	先祖	我
唯霊医学 ↓ 〔日本〕神癒力（霊主）	唯心医学 ↓ 精神病理 精神療法 心理療法	唯物医学 ↓ 漢法 西洋医学（水と土が主）
心	体	物
80%	10%	10%

表5　宇宙の仕組みと三十字の理

1は2を生じ、2は3を生じる。そして3はすべて生じさせる。これが創造の原理であり、これをミロクの原理という。人は本来、創造する力があり、これが動植物との違いである。

目に見えない細かい世界から目に見える荒い世界までを表してあります。これをミロクの原理と申し、数理では五六七で示し、エネルギー粒子数となります。

つまり、粒子、メタ、メカが振動し、波長を出し、息吹かれて物質となります。根本は火霊（ひだま＝火玉）水霊（みずたま＝水玉）であり、それが物理の根本でもあるのです。

在りて有るもの、幸せとは、その意味を深く理解いたし（霊魂）真の感謝をし、日毎私たちの喜びとすることであります。そうなってこそ「日々是好日」ですネ！

次元という段階の仕組み

次元とは、簡単に申しますと、エネルギーの細かさと強さを示します。人類側からですと、目に見えない所から見える所。

いい方を変えますと、「神（界）・幽（界）・現（界）」「天・空・地」「火・水・土」とも申し、科学的説明に至りますと、図5のようになります。

エネルギーが細かく強い方が、次元が高くなるのです。回転が速いので人体には感じられません。

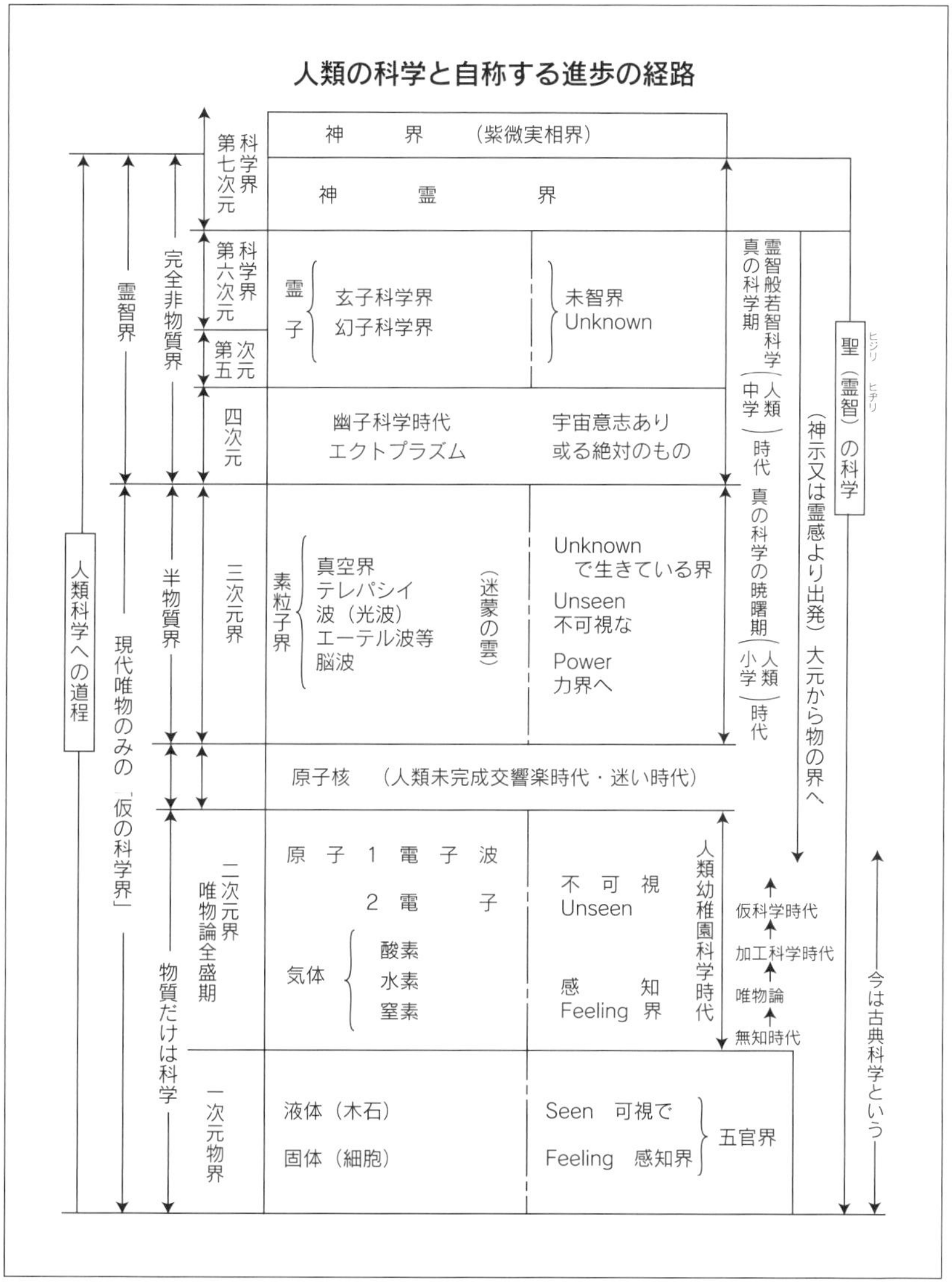

図5　次元の仕組み

ここでいう次元とはエネルギーの細かさと強さによる区分である。霊智界ともいう完全非物質界は、現代の科学では認識することができない。

次期高次元科学文明期となりますと、人々は人体に感じられない霊体の部分で様々なことを理解しなければなりません。現に、産まれて来ている子どもたちの中にはすでに見えない世界が見えている子どもも少なくありません。

とにかく、地球そのものが次元上昇していると伝えられていますので、私たち地球人は、せめて五次元以上に上がりませんと、住みづらくなることは確かです。

肉体をお借りしているときに、毎日上昇気流に乗るべき学びをいたしましょう。

人「霊止」としての最終段階の目的と目標

人「霊止／ひと」には神様・創造主の分け霊魂《みたま》が頭の中の松果体のあたりにあり、それを存在の核ともいっていることは、今は、どなたでもお分かりと思います。つまり、死んだあとでも生き続けるのが、存在の核すなわち霊魂《みたま》です。

神の子の仕組みのところでご説明した通り、霊（神）、幽（幽）、体（現）肉界、物界が三位一体、相即相入、密実一体に仕組まれることで、人「霊止」という型ができあがっています。

そうである以上は、その責任においても、重要性を理解し、宇宙の様々の星等とともに生かされておりますことに気づかねばなりません。そして、常に他の世界との調和を取りつづけながら、宇宙、地球、人類の弥栄えを願い、祈り、生活していることが必要であり、そうすることが常識といえましょう。

人類は森羅万象とともに地球に生かされておりますので、それらのお邪魔にならぬよう森羅万象を活用しつつ、共存共栄できますよう心がけながら、いかにしたら、創造主がお喜びくださるかを生き方の目標にすべきです。

さらに、宇宙の一員として恥じることなく、次元の上昇を励みといたし、日々の目的としたいものでございます。「いつくしむ心」これが、自然体の姿かと思います。

人のいのちとは！

人「霊止」は、元気で長生きを願い、それを尊いものといたし、「素晴らしい生き方」を目指し、その上で、いのちのあることに感謝をしなければなりません。

つまり、肉眼で見えている世界に焦点をおき祝い合いますことも大切ではありますが、私たちが何を目的として作成され生かされているのかを考えて、もっと深い部分で感謝することが一番大事ということになります。

神の子と呼ばれ、創造主の代行者として五体を授かり、天命と寿命のなかに生かされているのですから、ただ、長生きし、長寿を祝っていても人「霊止」としては意味のないことと思います。

宇宙の中の地球という星に生を受けて何をしたかが一番大切なことではないでしょうか。そのように考えますと、幸せの大きさもおのずと変わってくると思います。自分を中心とした考え方は、まったく小さく、次元の低い発想から出てくるただの妄想に過ぎないことに気づかなくてはなりません。

自然界の中に生かされている以上、自然の動きに勝つことは不可能なのです。それが良く理解できれば、今、生かされているいのちに深く思いを巡らし、感謝できると思われます。「尊いいのち」とは、そのような想念のなかから産まれ、真となり、そうなってこそ、価値のあることと思います。

第二章　神代文字で自己改革しよう

前章で、宇宙、地球と人とのかかわり、言葉や文字の意味、人としての目標や生き方など、人が学ばなければならない、もっとも基本的なそして大切なことの概略をご説明申しあげました。

そこで第二章からは、具体的なことがらを含め、これらをもう一度わかりやすく解説してみたいと思います。

私に起こった不思議な体験

人は霊止《ひと》であり、魂は喜びと浄化を求めて地球に舞い降りてきます。私もそのような一人だと存じております。

私の家系は、先祖代々、学問や芸術の世界で活躍した人を多く輩出し、祖父、父も「書道家」でした。長女の私も当然のように三歳で書を習い始め、当たり前のこととして書道家三代目の道を歩むことになりました。あらゆる習い事がそうであるように、書の道も、人としての修練が求められます。

私は、毎朝五時に起床し、太陽の出てくる方向に向かって手を合わせていました。それは、今日という日を迎えることができた喜びと感謝を表すためです。

ある朝、いつものように手を合わせておりますと、塵のようなものが左回転しながら、窓の内側にいる私に向かって、窓ガラスを突き抜けて降りかかってきたのです。

「なんだろう?」

と思い、そっと手で触れてみたところ、それは金粉でした。しかも驚いたことに、頭から足の先まで、すっぽりと金粉に包まれていたのです。

「いったい何が起きたのか……」

私は驚き、そして考えました。そして、思ったのは、

「仏像とは、拝む対象ではなく、人間から人へ、人から神の子へと進化し、到達した姿である。これが、金の仏像の示す真の意味ではないか。ということは、人はそのことに気づき、精神的な修行を積むことによって、神との『差』を縮めていったなら、誰でも仏の姿に成り得るのである。悟りとは、『差取り』だったのだ。悟ったときのその姿を今、神さまがこの私にお示しくださった」

ということでした。

そう思うと、神さまが私に対して、「そのように輝きなさい」とおっしゃっているように思えたのでした。

また、こんなこともありました。その日は、朝から雨がひどく降っていたので、「今日は太陽にお目にかかることができないでしょうね」とあきらめ、手を合わせて頭を下げ、いつものように感謝の言葉だけは申し上げていました。

しばらくそうしていると、急に頭がライトに照らされているような感じがして、ふと、顔を上げてみました。すると私の目の前で、ちょうどカーテンが開くときのように、雨がひらひらと両側に開き、その間から青空とともにまばゆいばかりの太陽がさんさんと輝いていたのでした。それは時間にして、わずか1～2分くらいのものだったと思います。それが終わると、元の雨空に戻りました。

「ありがとうございます」

という言葉がとっさに私の口から出てまいりました。

三番目の体験は、私にとってもっともありがたいものでした。というのは、その日を境に、私は自然界および神秘的な世界から強いエネルギーを頂戴するようになり、それに合わせて生きてゆくことが許されたように思うからです。

それは、ある明け方のことでした。

お二人の天女さまのような方が私の枕元に立たれ、

「御一緒に参りましょう」

と、手を差し伸べられました。

私は一瞬のためらいもなく、その手につかまり、ついて行くことにしました。一緒に飛んでいると体は軽くなり、痛いところや苦しいところもまったくなくなり、本当に楽な気持ちでした。天女さまは、

「まず、光の世界からお見せしましょう」

とおっしゃって、どんどん明るい方に向かって飛んでいかれました。やがて黄金の暖かいエネルギーの世界に着いたとき、私はとてものどが渇いていたので、

「お水をください」

とお願いしました。すると、とたんにお水に満たされたグラスが目の前に現れました。そして、美しいグラスに入ったおいしいお水を頂戴しながら、ちょっと横を見ますと、たくさんの人々が手のひらを上にあげながら頭を下げて座っています。それは、7次元以上からの光のエネルギーを頂戴していたのです。

そこで、どのようなお方がいらっしゃるかと、興味津々でお顔をのぞきこんでみたところ、とても上品な方々が前列にいらっしゃいました。

「どうされましたか? 何か質問したいことがございますか?」

と、その中のお一人がニコッと微笑みながら言われました。

とっさのことでしたので、すぐに何も思いつかなかったのですが、私はただ、

「天衣無縫とはどういう意味でしょうか?」

とだけ口に出していました。そうしましたら、私に一番近いところにおられたお方が、

「あなたそのもののお姿ですよ」

とおっしゃったのです。

私は、「あっ、そうか！」と思いました。「私たちはお母さんのおなかから出てきたときには、どこにも縫い目などない、表の肌も内側の内臓もすべて美しい一枚の皮膚でできていたではないか」と覚ったのです。

そのとき、そのお方は、

「次は何を？」

と聞かれましたが、私は恥ずかしくて、

「また考えて、出直してまいります」

とだけ言いました。そして、手のひらを上にあげながら座っている人々の列は、どのような段階になっているのか、後ろのほうに至るまでよく見ておきたいと思い、しばらくの間、立って視ておりました。

すると天女さまが、また私の手を取り、

「次は、人々が肉体を脱いだのち行く世界をご案内しましょう。どのようなところへ行くのか、よくご覧くださいませ」

とおっしゃり、光の世界からだんだん離れていきました。そして、その途中、いろいろ説明をしてくださいました。

人間が、肉体を脱いだのちに行く世界のことを「幽界」といいます。幽界というのは、たしかに肉体を脱いだ状態の世界ではありますが、そこにはまだ「霊体」と「幽体」が、肉体があったときと同じようにそのまま存在しています。それは修行の場とはっきりわかるところで、段階も分かれ、肉体の存在していた頃の結果を見せられるところでもあります。

その中には幸せなところも、地獄もあります。幸せなところでは楽しい生活をしていらっしゃいますが、地獄は暗く、寒く、そこにいる方は上を見ようとしても何も見えず、ただ感覚や悪臭の中であえいでいるばかりです。

そこは、神さまがお造りになられたところではなく、人間自らが造りだした想念の世界（生前行ってきたことの清算所）であることがわかりました。

そこは大変恐ろしいところで、私は見れば見るほど悲しくなり、また恐ろしくなってきました。そして、人々をこのようなところに行かせたくないと思い、天女さまに、

「人々をこのようなところへ行かせないために、私をお役立てください」

と申し上げました。すると天女さまは、

「お気づきになれば、それで良いのです」

とおっしゃり、

「それでは帰りましょうね」

とおっしゃって、そのまま私の家までお連れくださいました。そこで私の霊・幽体は、肉体に戻されたのです。

天女さまに連れ出されてから戻ってくるまで、何分くらいだったのだろうかと考えてみましたが、いまだにはっきりした時間はわかりません。長い長い時間であったようにも思えるし、ほんの十数分のことだったようにも思えます。

しかし、この体験は私に大きな転換をもたらしました。その日を境に現在に至るまで、私はそのときの体験をもとに、人間を神の子として蘇らせるお手伝いをしたいと考え、魂の浄化に専念してきました。

魂を昇華することによって、お陰さまで肉体も元の健康な状態をとり戻すことができ、人々から喜びをいただけるようになりました。

こうして、神さまの道を歩むようになったのです。

導かれた神代文字との出会い

神代文字との出会いは、展覧会に出展するなど、書道家として活躍をしていた頃のことです。

その当時、表向きは順調でしたが、実は、書道界の裏側を知るようになって、この世界に疑問が沸き起こっていたのです。

そもそも日本の文字がどこから来たのかと、えらい先生方にお伺いしても、答えは得られませんでした。先生方は、中国から伝わった漢字が元になっているとお考えのようでしたが、私にはそうは思えませんでした。そんなルーツを知るよりも、上手に書けるようになるのが先決というのが、諸先生方のお考えでした。

しかし、私には、文字の起源がとても大事なことのように思えました。何か大きなことにつながっているように感じたのです。それが分からないなら、このまま書道家を続けるより、いっそ絵の勉強でも始めようかとも思ったほどです。

ところが、そんな頃、ある〝事件〟が起きたのです、

それは八月のある暑い日でした。突然、見知らぬ中年の男性が我が家を訪れ、

「伊勢神宮より日本の古代文字をお持ちしました」

とおっしゃったのです。そして、私の目の前に、百枚ぐらいの直筆で記された奉納文の束がおかれました。いったいこれは何だろうか。とりあえず、意味もわからないまま拝見してみました。すると、ほとんどの作品に虫喰いのあとがあり、紙の状態から見ても、とても古いものであることは分かりました。

驚いたのはその文字でした。今まで見たこともない文字だったのです。その男性がおっしゃるには、

「自分は、○○というもので、かつて特攻隊の隊長をしていました。それで多くの部下

を死に至らしめたお詫びと供養のために、神社を創建したのです。その神社にあるとき昭和天皇がおいでくださり、ご一緒にお詫びくださいました。その折り、伊勢神宮に不思議な文字で書かれた奉納文があるので、一緒に見に来ないかと誘っていただきました。そこでご一緒させていただくと、普段は、誰にも見せないものですが、昭和天皇のご依頼ならと、それを拝見することができました。

しかし、なにが書かれているのかさっぱりわからない。読めなかったのです。すると昭和天皇が、『女性の書道家で安藤妍雪さんという方がいらっしゃるからそこへお持ちなさい。そうすればなにか答えがでるでしょう』とおっしゃいました。それでお持ちした次第です」

と告げられました。そうおっしゃられても、どう答えをだしたらいいのか、何しろ初めてみる文字、いや文字にも見えないものもあったのです。

「一週間、お貸ししましょう。その間に写真をお撮りください」

そうおっしゃって、私にそれらを預けてお帰りになりました。

とにかく、一週間だけ時間をいただき、息子に一枚一枚写真に収めてもらいました。そして、いろいろな古文献を探して調べてみると、それらは、歴史上有名な方々が、参拝・祈願のおり神社に納めた、神代文字で綴った奉納文だとわかりました。たとえば、後醍醐天皇、稗田阿礼、藤原鎌足、菅原道真、平将門、源義経など錚々たる人たちのものがありました。

太古の日本の神々は外来のものを嫌われるので、昔は、神代文字で書くのが慣例だったそうです。

「字は性格を表す」とは、書の世界では常識としていわれていることです。私が歌とともに文字を拝見させていただいてわかったのは、歴史上でいわれている性格や人物像とは、反対の性格・人物ではないかと思われる方々が結構いらっしゃることです。文字は嘘をつかない、文字は光る華であることをあらためて思いました。

ところで、私が勉強した古文献ですが、その一部は、不思議な経緯でいただいたものでした。あるとき、外出して帰ってみると、玄関の棚の上にどさっと本が置いてあったのです（ちょうどそのときは鍵をかけるのを忘れていたようです）。

誰かが置いていかれたのに違いありませんが、お名前やら手紙やらが一切なかったのです。私は狐につままれた思いで、すぐには状況が理解できませんでした。しばらくして思いつくままに先生方や知人に電話をかけまくり、聞いてみたのですが、誰もそういうことはしていないとのこと。いまでも真相はわからずじまいです。

しかし、これも何かのお導きかもしれないと思いました。私がちょうど必要としていた時期に、必要な本が置かれていたのですから。

それから二十五年間、ひたすら勉強と字の修練の日々が続きました。それまでは人に教えてはいけないと天からの声もいただいていました。個展は許されていたので、半分だけ神代文字の作品を展示しました。

神代文字の修練では、先生がおりません。ですから、その字でいいのかどうかがわかりません。一つひとつ神さまにお伺いしながら修練を続けていきました。

そして、やがてそれらを十八冊の教本としてまとめることができました。ほかにもいくつもの種類の文字があるのですが、あまり多くなっても習う人も大変でしょうから、似通った字は省くことにしました。

今こうして考えてみると、神さまは順序立てて、手とり足取り教えてくださるのではないということです。初めに驚くようなことをなされて、あとは、私自身が自分で考え、行動し、学んでいく。それがきちんとできれば、結果は最後に神さまが出してくださると今にして思います。

神代文字の修練は、日本、すなわち日（霊）の元つ国がどんなにすばらしい国であったかを学ぶことでした。それが心から自覚できてはじめて、人に話したり、本に著したりすることが許されたのです。

神代文字を研究されている方は大勢いらっしゃいます。それらの方々の著した書は私にとってもとてもよい参考書となりました。多くのことを教えていただきました。けれども文字を書かされたのは私だけでした。

文字そのものは、知識ではありません。書かなければ体得できないこともあるのです。ひたすら書くことで学んだものがたくさんあります。それは言葉では伝えられません。書かれた方だけが得ることのできる秘伝のようなものかもしれません。

よく、文字には言霊《ことだま》が宿っているといいますが、言霊とはなんでしょう。私は、言葉の音による波動が光のようにエネルギーとなって放たれるということだと感じています。エネルギーは力ですから、なんらかの影響を周囲に与えます。すばらしい言霊なら、プラスの波動を、汚い言霊ならマイナスの悪影響を及ぼすはずです。しかし、いずれにしろこれらは一瞬で消えてしまうものです。

ところが、書かれた文字は、半永久的にそこに残ります。エネルギーが凝縮された形で留め置かれるのです。神代文字をよく見ると、へびの形に似ているものが多くあります。確かにへびの動きのように書いていくものもあります。

それで、「なんだ、へびの次元か」と敬遠される人がいます。とくにある程度の知識と霊能が開けた人に多く見られます。

しかし、これは大きな勘違いだといえるでしょう。神さまの高次元のエネルギーはそのままでは地に下すことはできません。文字という目に見える形で物質化するには、物質の次元まで次元を下げる必要があるのです。

ですから、へびの次元でちょうどいいのです。なんでも高次元の方がすばらしいと思うから、こうした過ちを犯すのです。いまは必要があって、私たちは三次元（立体）の世界で生活しているのですから、文字の次元もこれでいいわけです。次元そのものに、高い低いはあっても優劣はありません。

宇宙の根源神（天地創造主）と地上との仲立ち、中継を行う神さまを天津神《あまつかみ》といいます。この天津神と光といわゆる言霊の三位一体となったものが、世界最高の「言霊」だと考えています。この言霊が違ってくると、学問も世界全体も乱れてくると思います。私たち一人ひとりが正しい言霊を使うよう心がけたいものです。

神代文字《かみよもじ》の修練による奇跡

さて、私自身の神代文字の修練が終わり、神さまから、お弟子を取ることが許されました。そこで私は、「書の霊智《みち》塾」という、書の修練所を東京に開くことにいたしました。

この修練所は、たんに美しい文字を書くことを目的とした、いわゆる書道教室ではありません。

よく人生や学問は、一つの道にたとえられます。けれども、私は、「天には道などあらず。ミチはあり。霊智（ミチ）以外ミチなし」と教えていただきました。書のミチは、ただ足にて歩く道ではなく、人の肉体と魂（霊魂）、そして神とが一つとなって歩む霊智（ミチ）なのです。それで、「書の霊智《みち》塾」と名付けました。

ここは、世界でただ一つといってよい神代文字を修練する場ではありますが、はじめに楷書の基本を習っていただきます。楷書の基本は神代文字の基本と重なり、それをマスターすることで神代文字の修練にスムーズに移行できるのです。

神代文字の修練は、神が直接下された文字を習うわけですから、魂を揺さぶり、霊を浄めるはたらきがあります。どうしてそのようなことが起きるのかの説明はあとにして、実際に起こった出来事を紹介しましょう。こんなことがありました。

その方は、三十五歳の女性でした。彼女が神代文字を習いたいというので、いつもどおりの楷書の練習から始まり、一年がたって、いよいよ神代文字の修練に移ったときのことです。

神代文字の修練は、上古《じょうこ》第一代・天日豊本葦牙氣皇主天皇《あめのひのもとあしかびきみぬしすめらみこと》が下したとされます、「くさ文字」から始まります。

まず、あいうえおの五つの文字から、私の記した教本を手本に書いていくのですが、その最初の「あ」の字を書いた瞬間から全身にかゆみが走ったのです。突然、「かゆいかゆいかゆい」と叫んだかと思うと、体中を掻きむしりました。驚いたのは私の方でした。

実は、その方は子宮に癌ができていました。手術をしたくないというので、私のところを訪ねてこられたのです。そこで、まず、霊による障りをとり除きました。そして落ち着いたところで、神代文字を習いたいとおっしゃったのです。

そのかゆみはほぼ全身にわたり、お顔を見ると吹き出物のようなぶつぶつができていました。どうやら体中がそういう状態のようでした。しばらくすると、そこから膿のようなものが出始めました。見た目はとても苦しそうです。でも、がまんして文字のお稽古を続けられました。

しばらくすると、少しずつ体から毒素が抜けていくのか、見た目の大変さとは反対に、だんだんと元気を取り戻していくようでした。それから、およそ二年の間、膿が出続けました。

神代文字を書くのは、とても辛そうでした。しかし、それでも彼女は頑張り続け、気がつけば、癌がすっかりなくなっていたのです。

現在は、三人のお子さんを育て上げ、次の人生を楽しんでおられます。

次は、H君という十八歳の男性の例です。彼も私のもとで神代文字の修練を始められました。彼はどこへ行くのも小さなバイクを使っていました。

ある日のことです。彼がいつものようにバイクに乗っていると、突然目の前が真っ暗になり、何も見えない状態になったそうです。そしてそのままダンプカーの後ろに突っ込み、空中へ投げ出されました。

ところがです。体がゆっくりと回転すると、そのまま立った状態で着地したのです。まるで何かに支えられているかのようでした。

地面にたった瞬間は、自分はすでに死に、幽霊の状態でそこに立っていると思ったそうです。確かに普通ならそう考えても不思議はありません。そして、はっと我に返って全身を調べてみましたが、ほほから少し血が出ていただけでした。狐につままれた感じとはまさにこのことです。

バイクはもちろん全壊。本来なら、全身打撲で重傷を負うところでした。悪くすれば最悪の事態も考えられます。まさに奇跡以外のなにものでもありません。

それから、Oさん四十五歳、この方は医師で男性です。神代文字の修練に来られて、さて、文字を書くという段になって、その文字を書こうとするのですが、腕が動かず、どうしても書くことができません。気持ちは書きたいと思うのに手が動かないというのです。不思議なことにも文字が書けないのでした。

その方は、大変悩み、苦しまれました。しかし、とても粘り強く、強い意志を持っておられたようで、決してやめようとせず、書く姿勢だけは持ち続けられ、とうとう四ヶ月後のことです。突然、字が書けるようになりました。それからは、まるで別人のようです。どんどん上達しはじめました。

実は、この方は肝臓がんを患われていました。手術が難しい部位に癌ができてしまったために、切除は諦めました。死をも覚悟していました。そしてある日、すべての本を捨てようと本棚を片付けていたのです。すると、私の『世界の言語は元ひとつ』(今日の話題社・刊)という本が目に入り、これだけは、どうしても捨てることができなかったとおっしゃいます。

結局、他の本はすべて捨てられ、この本だけが残されました。本が目につくたびに、ぱらぱらとめくり、「神代文字か……」という思いで考えに耽ります。そして何度目かの日、ついに決心され、まずは、展覧会に来られたのです。

ここには、ご神体の文字が掲げられているのですが、一週間毎日会場に足を運ばれ、その前に座り続けられました。すると、お顔が少しずつ赤味を帯びてくるように思われ、ご本人も楽になったとおっしゃいます。何か感じるところもあったのでしょう。そして、その後、文字の修練に来られたのでした。

もちろん修練で病気を治そうと思ったのではなかったはずです。そのようなことを宣伝したことはありませんから。残された命の間、なにか打ち込めるものがないかと考えた末の決断でした。

こうして文字が書けるようになってから一年後、同じく体から膿が出始め、二年間で膿がおさまると同時に癌も完治しました。いまも元気に医師として活躍されています。

不治といわれた膠原病も完治した

六十五歳のS氏は、ある建設会社の幹部をされていました。血液の癌で、全身が癌に冒されているという状態でした。歩くのもままならず、いつも奥様に付き添われ、杖をつきながらやっとのことで教場（書の霊智塾）へたどり着くというご様子でした。週に二回通われ、三ヶ月後には、神代文字を書きはじめました。

それから三年、奥様や周囲の人たちに励まされながら一生懸命文字の修練を続け、展覧会にも出展するなど励まれた結果、見事全快されたのです。

この方の場合は、膿は出ませんでした。少しずつ良くなられたという感じです。いまはもちろん、杖なしでどこへでも行かれ、仕事は引退されましたが、元気でお過ごしです。

膠原病のLさん（四十五歳・女性）の場合は、劇的でした。当初、症状はかなり進み、医師もお手上げ状態で、口のなかは膿で一杯といったご様子でした。弁護士の奥様でしたが、ご主人がいつも車で送って来られ、その方は杖をついてお見えになりました。

私は、玄米のスープを作ってその方に飲んでいただきました。体力をつけることがまず大事だと感じたからです。飲むといっても、口のなかがそういう状態ですから、普通に飲み込むことができず、横になったまま少しずつストローで流し込むような有様でした。

しかし、やがて体力もだんだんに回復し、神代文字も少しずつ書けるようになって一年、ようやく元気になられたのです。それから二年間神代文字の修練を続けられ、この方も全快されました。いまではスポーツのコーチまでされています。

大事なのは魂のお清め

いかがでしょうか。いずれも奇跡といえるケースです。もちろん、神代文字の修練だけで不治の病気が完治するわけではないでしょう。ご先祖さまの供養をしたり、魂のお清めをしたり、霊の障りを取り除いたり、あるいは、ご本人が過去や前世での過ちをお詫びするなど、いろいろなことが合わさってのことだと思います。

けれども、神代文字には、大きなパワーが秘められていることも事実です。神代文字を壁に飾ったり、掛け布団の上に置いて寝たりしたことで、様々な喜びごとも起きています。すべて紛れもない事実です。

昔は、神代文字を自ら書いて神社に奉納したり、あるいは宮司さまが書かれたお札を参拝に来られた人たちに渡されていました。古い神社にはそうした文字が残されているのです。なかには、歴史上有名な人たちが残したものも数多くあります。

いまは神社関係の方でも、神代文字の訓練を受けておらず、文字を見ても読むことができませんから、私のもとへ送られてくることもたびたびです。

神社ではご神名などが書かれたお札をいただくことが一般的ですが、本来の文字（神代文字）には、文字そのものにパワーが宿っていたのです。その力で、魂が清められ、ご利益が得られたものと考えられます。

宇宙を科学的に考えてみると……

このように神代文字には、素晴らしいパワーが秘められていることがおわかりいただけたかと思います。では、どうしてそのような力が隠されているのか、ここからは少し科学的にアプローチしてみたいと思います。

神代文字のパワーは、宇宙のパワーと同じものです。そこで、もう一度宇宙について考えてみましょう。いったい、学問の世界では、宇宙をどのように捉えているのでしょうか。宇宙の誕生を説明したものとしては、ビッグバン（大爆発）説が有力ですが、いまだにはっきりとしたことはわかっていません。

ビッグバン説では、「宇宙は約一三七億年前に、超高温・超高密度の火の玉のような宇宙卵が大爆発を起こしてでき上がった」と説明されています。しかし、ではそれ以前は？超高温・超高密度の火の玉はどこから生まれたの？　と問われると、答えに窮してしまうのです。

宇宙はともかく、私たちの周りの世界はすべて物質でできています。ビッグバン説に従えば、超高温・超高密度の火の玉が爆発して空間が生まれ、やがてでき上がったのが物質です。

その物質は、原子で造られています。原子は、原子核と電子からなり、原子核の周りを電子が猛スピードで回転していることが明らかにされました。

さらに、その原子核は、陽子と中性子からできていて、陽子と中性子は、数種類のクォークが集まったものとされています。まだ、クォークが発見されていないとき、電子や陽子、中性子は物質を造る最小単位であるとされ、それらが粒子の素になるものという意味で、素粒子と呼ばれました。表6に仏教における極微の世界を、表7に素粒子の大きさ等についてまとめましたので参照してください。

しかし、今日、本当の意味での素粒子は、数種類のクォークであるということになります。では、そのクォークは本当に素粒子で、クォークを形作っている粒子はないのでしょうか。実は、それはよくわかっていません。けれども仮説はあります。

今、多くの学者が正しいとしているのは、「ひも理論」です。これは、「物質の根源である素粒子は、粒のような点状ではなく、広がりをもったひものような形のものが振動している状態である」という考え方です。

振動の仕方の違いで、いろいろな素粒子（クォーク）に見えるのだそうです。つまり、とても小さなひもが様々に振動することで、いろいろな粒子として存在しているというわけです。

この「ひも理論」によれば、時空は10次元になるそうです。私たちが宇宙を想像すると

仏教　時間の最小限を刹那　物質の最小限を極微

極　微

1 極　微 × 7=1 　微　　1 隙遊塵÷823,543=1極微

1 　微 × 7=1 金　塵　　$\frac{1隙遊塵}{823,543}$ =1極微（仏書より）

1 金　塵 × 7=1 水　塵

1 水　塵 × 7=1 兎毛塵

1 兎毛塵 × 7=1 羊毛塵

1 羊毛塵 × 7=1 牛毛塵

1 牛毛塵 × 7=1 隙遊塵

窓から日光が射し込む時、部屋の中にウヨウヨ動いているほこりの如きものの大きさ。

表6　仏教における極微(または紫微)の世界

仏教では、極微小の世界を単位として捉えている。時間の最小単位が刹那であり、物質のそれを極微という。

素粒子は以前は、陽子、中性子、電子と、π中間子、μ中間子、ニュートリノ、それに光子の7種類でしたが、今では32種類にも増し、さらに発見される数が増しつつありますが、未だ不明な点が多く、さらにさらに小さなものが、その中にあることが予想されていますし、上記素粒子の中にも大小種々あり、その中のあるものが、さらに小さなあるものであるかも知れません。

その様に「大きさ」がつかみにくいものですが、次の表は大きさの概念を得る参考資料になるかと思います。

いろいろな世界での長さ、時間、質量のスケール

	素　粒　子	原　子	日常の世界	宇　宙
長　さ	～10^{-13}cm（陽子の拡がりの半径）	10^{-7}～10^{-8} cm（色々の原子の拡がりの半径）	1cm	～5×10^{22} cm（銀河系の半径）
時　間	～10^{-23} sec（素粒子の衝突の起こる時間）	～10^{-18} sec（水素原子中の電子の運動の周期）	1sec	～1.5×10^{12} sec（銀河系を光が横切る時間）
質　量	～2×10^{-24} gr（陽子の質量）	～2×10^{-24} gr（水素原子の質量）	1gr	～10^{44} gr（銀河系の質量）

表7　素粒子の大きさ(物質化できる世界)

素粒子は、物質を構成する最小単位として考えられてきた。科学の発展とともに様々な素粒子が発見され、現代物理学では、ひも状のものが振動することで素粒子を形作ると考えられている。

き、無限の空間の広がりのなかに、無数の恒星や惑星があって、それらが規則正しく運動していると考えてしまいがちです。

しかし、物理学者は、時の流れも一つの次元として考えます。ですから、ビッグバンから「時間」も生まれたと考えているようです。ビッグバン以前は、時間もなかったわけですから、ビッグバン以前は存在しないことになり、それ以前のことは考えなくもいいということになります。

理屈ではそうかもしれませんが、私たち一般人にとってはすっきりとは納得できません。それはさておき、この時間も含め、宇宙は10次元になるそうで、そうでなければひも理論は成り立たないらしいのです。

点や線が1次元です。それらが動いて面による広がりができれば、それが2次元になります。さらに高さが加わった立体が3次元で、私たちは、その3次元空間に存在しているのです。そして、時の流れが4次元。私たちが知覚できるのは、この4次元までです。

ところが、ひも理論によれば、5次元、6次元と高次の時空があり、合計9つの次元空間と1つの時間を合わせて、宇宙は10次元からなるというのです。5次元以上の次元は私たちが認識できないので、余剰次元と呼ぶそうです。

私たちが、見ることも触ることもできないのに、なぜ余剰次元があると考えるのでしょうか。

それは、素粒子のなかには、この3次元空間から姿を消すものがあることがわかったからです。姿を消した素粒子はどこへ行ってしまったのか。それが5次元空間です。

では、実際、5次元空間があるなら、どうして私たちにはそれが見えないのでしょうか。はじめ、それは、きっとこの異次元空間はごく微小なもので、小さすぎて見えないのだと考えました。ところがそれでは説明のつかない現象もありました。

そこで、ドーナッツ状のものを考えましたが、それでもうまくいきませんでした。この難問に一つの答えをだしたのが、アメリカ・ハーバード大学物理学教室教授のリサ・ランドール博士です。

彼女は、こんな例を引いて説明しています。

食パンを薄くスライスすると、何切れものパンに分けることができます。私たちの住む3次元世界は、この一切れのパンであり、パンの表面に張り付いて3次元空間が存在しているといいます。パンとパンの間やパン全体を5次元空間が包んでいると考えます。パンは何枚もありますので、私たちの住む3次元空間と別の3次元世界も同時に存在していることになります。

よく宇宙はパラレルワールドであり、別の自分がそこに存在しているというようなことをいう人がいますが、リサ・ランドール博士の理論でもその可能性を認めています。

パンの一切れには、実際はかなりの厚みがありますが、三次元空間が張り付いているパン状のものは、厚みのない膜のようなもので、彼女はそれをブレーン（膜）と呼んでいます。これは私の単なる考えですが、その膜の一枚一枚が現在だと仮定すると、過去と未来と現在は同時に存在していることになります。それならば、時間旅行も理論的にはできることになります。

この5次元空間を同じように6次元空間が取り囲んでいたら……。10次元空間の存在もなんとなく理解できそうです。

リサ・ランドール博士の説もまだ証明されたわけではありません。しかし、その可能性がでてきました。欧州合同素粒子原子核研究機構（ＣＥＲＮ）というところが、スイス・ジュネーブの郊外に巨大な粒子加速器（ＬＨＣ）を建設し、現在、本格実験を行っています。ここで行われている実験は、3・5兆電子ボルトもの高エネルギーで加速された陽子同士をぶつけるもので、いわば陽子を衝突させて壊し、陽子を形作っているものや空間の正体を明らかにしようとするものです。

3年後には「フル」運転に入る予定ということで、この実験が進めば、クォークや膜について大きな手掛かりが発見されるだろうと期待されています。

先人たちが神々さまに教えていただいた宇宙の仕組みを、科学も少しずつ解き明かせるようになってきているのではないでしょうか。

そういうことで、目に見えない世界のことが、科学でも明らかにされてきています。高次元から流れ込んでくるエネルギーが宇宙パワーであり、神代文字にもそのエネルギーが注ぎ込まれるので、いろいろな現象が起こってくるのではないかと私は考えています。

地球は生命を育むゆりかご

この広大な宇宙の中に私たちの住む地球があります。

この地球が今、おかしくなってきていることに誰もが気づき始めました。それにはいろいろな意味があります。なかでも大きな原因の一つに、私たち人類の考え方があります。

19世紀初頭にイギリスの自然科学者チャールズ・ダーウィンが、独自の進化論を発表しました。それは、「すべての生物種は共通の祖先を持ち、長い時間をかけて進化した」「生存に適応したものが生き残るという自然選択がはたらいた」というものです。

簡単にいうと、「生存競争が行われ勝ち抜いたものが生き残っていく」というもので、適者生存という考え方です。ただし、生存競争や適者生存という表現は、あまりにも過激ということで、現在は使われていませんが、その考え方はしっかり残り、この地球は「弱肉強食の世界である」と考えられるようになりました。

ですから、万物の霊長と自負する人類は、自然を自分たちの都合に合うように変えても当然だと思うようになりました。地球を、強いものの勝ちの世界と考えるなら、当然のことかもしれません。

そこで、石炭・石油・天然ガス、各種鉱石などの地下資源を掘り、海岸や沼や湖を埋め立て、川をコンクリートで固め、多くのダムを建設してきました。また、森林を伐採して、畑や住宅を造り、人類は砂漠などの一部を除いて世界にあまねく存在するようになりました。

こうした人類のふるまいによって、多くの生物が絶滅に追い込まれていったのです。そして、それは我が身にも降りかかり、今日の異常気象等の現象を生んでいます。

さらに、弱肉強食の考え方は、戦争を生んで人々が争い、今なお、世界のどこかが戦場となって殺し合いを行っています。

しかし、地球は、弱肉強食の世界ではありません。まさに天の配剤ともいえる絶妙なバランスで成り立っていて、すべての生命は、共存共栄しているのです。このことをしっかりと基盤に置いた社会を創ることがこれからは必要なのです。

確かに、トラやライオンなどの大型肉食動物は、草食動物を狩って食べます。表面だけを見れば、弱肉強食の世界のように感じるかもしれません。けれども考え方には裏表があり、裏から見れば、たとえばシカはライオンによって群れを維持してもらっているといえるのです。

ライオンは、何らかの理由で群れから離れてしまったシカを狙います。もし、そのシカが伝染病に罹っていたらどうでしょう。ライオンに食べられなかったら、群れ全体に病気が蔓延していたかもしれません。

これが自然界の持つバランスです。食べられるシカだけを見れば可哀想と思うかもしれません。けれどもそれが群れ全体を生かすことになります。

ライオンはシカを食べつくすことはしません。シカを狩るのはお腹がすいたときだけです。もし、食べもしないのにスポーツ感覚で狩りをしてシカを滅亡させてしまえば、自分たちも食べ物がなくなって全滅です。一方、ライオンがいなくなってシカが増えすぎれば、植物を食べつくし、いずれシカも滅び去ってしまうことになります。だからといって、草を植えて増やそうとか、小食にしてみんなで草を分け合おうという知恵もシカにはありません。ですから、シカを生かしているのは、ライオンともいえるのです。

ところが人間はどうでしょうか。お腹がすいて食べる分だけのシカを狩るのではなく、見つけたシカはすべて殺し、干し肉にしたり、冷凍したり、それでも余ったら他人に売って儲けようとするでしょう。これではシカは全滅です。

実際、人類は、過去、そうして多くの動植物を絶滅に追いやっています。もちろん、今はその反省から、絶滅危惧種を守ることも行っていますが、まだまだ、経済第一主義で、儲けるためには何をやってもいいと考える人がたくさんいます。

弱肉強食説に従えば、強いものが弱いものをやっつけて当然ということになります。それでも弱い立場のものは強いものにやられずになんとか創意工夫して立ち向かおうとするでしょう。

ですから、もし人間がシカの立場だったら、一致団結してライオンから身を守ろうとします。シカもそうですからそれはいいのですが、やがて、「守っているだけではだめだ。それでは安心して暮らせない。知恵を出せばシカでもライオンを倒せるはずだ。ライオンをやっつけよう」といいだす人が必ず現れるでしょう。

そして、ライオンを絶滅させてしまえば、やがてシカも困ることになるのです。

人類は、これまでは、この勇ましいシカでした。自分たちの脅威となるものを排除しようとしてきました。それが戦争を生んできたのです。あるいは、自然を捻じ曲げてきたのです。

イラクに大量破壊兵器があると、先制攻撃を仕掛けてきたのはアメリカでした。アメリカはシカではなくむしろライオンですが、このときの考え方はそうでした。テロとの戦いも同じことです。相手を排除しようとすれば、当然軋轢《あつれき》がうまれ、それが人間同士なら戦争となるのは自明のことです。

地球から人が学ばなければならないのは、共存共栄です。その考えに立てば、戦争など起こりようもないのです。

大雨で川が氾濫すると、ダムを造り堤防を築いてきました。これも同じです。氾濫するような場所に、人が住まなければいいのです。そこは、鳥やカエルや虫、植物たちの楽園として残してあげればよいのです。そうすれば、その場所は人にとっても憩いの場所となるのです。

今は、自分の欲望のままに生きていこうとする人と、できるだけ欲を押えてつつましく生きていこうとする人と、二極化が進んでいる時代といえるでしょう。

欲というのは、とても大事なもので、食欲、性欲、睡眠欲など、欲があるから生命を維持でき、また、向上心を持つことができるともいえるのです。しかし、自分だけがよければという身勝手な欲、これを「身欲」といいますが、この身欲はなくさなければなりません。同じく、自分が自分がという我欲も控えるようにしましょう。我そのものは、個を形作るために必要なものといえるでしょう。けれども我に欲がついた、我欲が強すぎれば、身欲同様、周囲との調和、バランスを欠き、いずれ自らを滅ぼすことになります。

つまりここでも、バランスということが鍵になるのです。

人は喜びを表現する神の代行者

人は、霊止《ひと》と書くように、本来、人は、ミロクの原理（五徳の足は三本）からいうと、霊と心と体から成る存在です。そして、それらの順番は、霊主心従体属《れいしゅしんじゅうたいぞく》となります。

霊止（人）が創られ、霊魂が成熟してくると、今度は、体の成長が求められました。人々も、神さまの治世から離れて、自由に暮らしたいと思ったのです。

それで、体主霊従（心属）の世が創られました。そして、人として生命を繰り返す間に、さらに魂を磨き、霊主心従体属の世界に戻したときに、神人に生まれ変われるよう、ご計画を立てられました。それを神の経綸《けいりん》といい、大略をまとめると表8となります。

超古代 （霊性では神人超人時代／唯物科学では未開）→		野蛮時代 文化時代（文明人に化けて行く） （分化時代＝バラバラ文化）→			文明期 （地上天国文明期）
(1) 新生霊即神性のまま時代。 (2) 種族保存より繁殖に専念せしめられた時代（生めよ殖やせよ）。 (3) 霊力による体力時代、地上征服体力本位時代。 (4) 智＝神性智→物界の才知、体験による才知・浅知の萌芽時代。 (5) 霊＝霊感は高度時代（近代から迷信視された所以）。 (6) しだいに物知への才知発育時代。	(1) 才知発達時代＝天恵地上富の開発使命期に入る。 (2) 仮想科学（実は加工技術理論だけ）時代（古典科学時代）。 (3) 加工技術理論と創造のまねごとを科学と錯覚。 (4) 錯覚発生時代、唯物現象一辺倒時代の現出。 (5) ますます欲心強化され、真の科学探究より唯物の仮の化学に向かわしめられた時代＝行き過ぎて末法末世の現実化。	(6) 人類初めて真の科学界への入門期（文明の萌芽二十世紀の末葉）。 (7) 科学的懐疑、人類反省時代へ向かう。仮の科学自覚時代（古典科学時代のあらゆる面での行き詰まり招来期）。 (8) 真の（創造）科学への一大進展期に不知不識に突入せしめられよう（二十世紀終末期）。 (9) 人生観世界観の一八〇度の転換期招来期近し。 (10) 霊文明への晩到来し新真文明への邁進、科学と宗教の一体化が必然となる。			(1) 宗教と科学と政治の一体化時代＝無主義時代へ進入する。 (2) 無対立一体化、総合文明期の発祥。 (3) 真・善・美、健・和・富三位一体の芸術的平和楽土が可能。 (4) 神出現の準備完了。 (5) 宇宙支配への人類昇格期の到来。 (6) 神性文明即文明の完成即科学的神代の顕現期。 (7) 神出現期世界は一つ時代。
人間像デッサン期 無知蒙昧 純情時代	地球開発期 （欲心高度化期） 才知時代の終わり 人間の発育未完成期 チンバ文明 偽の文明 逆理時代 胎蔵の世 明暗三世相 真如時代 悪の栄える時代 進化への方便時代	霊心科学勃興 誘発の要	文明原理確立の 必然性	精神文明ルネッサンス	人間完成期 昼の文明（真理に立脚） 善の栄える文明 正法の世　水晶世界 芸術と平和人類 遊化時代 叡智時代

表8　創造（宇宙）主の意志の経綸と
未来像－人類進化の経過と予想概観（漸進の理による）

創造主は、人の進化のシナリオを考え、その通り実行されてきた。その神の御計画を経綸と呼ぶ。ラルロ期の後には、地上天国文明期に入ることが予定されている。

体というのは、身体のことだけではありません。物質界そのものをいいます。つまり、現在のようなモノの文化の発達です。しかし、それでは人は物欲に負けてしまうことも、「想定内」でした。そこで様々なしかけも施しました。

それが人類の歴史なのです。

現在は、霊主心従体属の世界に戻り、目に見えない世界について徐々に語られるようになりました。

霊主といっても、体をないがしろにしていいということではありません。私たちの身体は、いわば神様からお借りしたものです。これまで同様、丁寧に使い、病気にさせず、寿命がきたら新品同様（といっても古くはなっていますが）の形でお返しすることができたら最高です。そうできるよう、健康に気を配らなくてはなりません。

そこで、大事なのは、人も一つの生命とすれば、地球の生態系の一員だということです。つまり、他の生命と共存共栄すべき存在だということです。自然の一員であることは前項でも述べましたが、実は、私たちの身体は、微生物と共生しているのです。

身体の表面、皮膚や腸（おもに大腸）にはたくさんの微生物が棲みついて、そのはたらきで私たちの体は健康に保つことができているのです。その細菌類の数は、およそ百兆個ともいわれ、私たちの身体を作っている細胞の数、約60兆個よりもはるかに多いのです。

たとえば、皮膚には常在菌と呼ばれる細菌が、皮膚から染み出る老廃物や古くなった角質を栄養素として棲みついています。この細菌のはたらきで、皮膚のｐＨ（ペーハー）が弱酸性に保たれ、皮脂が作られ、乾燥や雑菌・病原菌から皮膚を守っているのです。

腸ではさらに大きなはたらきをしています。腸内で、乳酸菌、ビフィズス菌などが発酵を行うことで、病原菌や悪玉菌の繁殖を抑え、身体に必要な栄養素を作りだして、腸細胞に栄養を与えているのです。もちろん、腸細胞だけでなく、必要な栄養素は吸収されて、血液を通して各細胞に届けられます。

この微生物のはたらきを見逃していると、健康を保つことはできません。そこで、「身体にいい」だけでなく、共生相手の「微生物にとってもいい」食べ物も食べ、微生物が死滅するような化学物質や塩素を避けなければなりません。

乳酸菌、ビフィズス菌などのいわゆる善玉菌が喜ぶ代表的な栄養素は、オリゴ糖といわれていますが、食物繊維とミネラルが大切です。繊維の豊富な食物をよく噛んで食べることが大事です。日本人は海藻やさつま芋、かつては玄米や豆類など食物繊維の豊富な食物をよく食べていました。しかし、今日、とくに若い人たちの繊維の摂取量が足りていません。努めて摂るよう心がけたいものです。また、ミネラルは私たちの体にももちろん必要ですから、これも十分に摂りましょう。

こうして、霊魂だけでなく、肉体の健康を維持することを忘れてはいけません。私たちは、自分の都合だけで身体を使うことなく、適度な運動や体の手入れにも時間を使っていきたいものです。

美しい言霊で語る幸せ

言葉には言霊が宿り、言葉はエネルギーをもちます。言葉一つで局面が変わるということも日常的に経験することです。日蓮上人は、「滝の口のご法難」といわれる絶体絶命のピンチに「南無妙法蓮華経」と経文を唱えることで奇跡を起こしました。

神奈川県の鎌倉の滝の口という所で、打ち首による処刑がなされる寸前、日蓮上人が「南無妙法蓮華経」と一声発すると、突如雷雲が沸き起こり、処刑人が振り上げた刀に雷が落ちたと伝えられています。これにより、処刑から免れたのです。

おそらく、ご龍神がはたらかれたのでしょう。近くの江の島には五頭龍神の伝説もあります。まさに、言霊です。なお、この処刑場跡には、現在、日蓮宗の龍口寺が建てられており、そのとなりには、五頭龍神を祀る龍口明神社がありました（現在龍口明神社は引っ越しをしています）。

普通は、宗教家や霊能者でもなければこのような奇跡は起こりません。しかし、やり方次第では、私たちにも奇跡を起こすことができます。

たとえば、ハワイに伝わる「ホ・オポノポノ」。これは、今、主婦など女性のあいだで静かなブームになっています。

ホ・オポノポノは、古くからハワイに伝わる問題解決技法です。今日本に伝わっているのは、ハワイの伝統医療の専門家だった故モナ・ナラマク・シメオナ女史が現代社会に活用できるよう、これに工夫を加えたもので、彼女の弟子で精神医学の研究家であるイハレアカラ・ヒューレン博士が日本に紹介したものです。

原理は、「潜在意識のなかの情報（過去の記憶）の再生を言葉の力で行う」というものです。私たちの潜在意識になかには、自分自身が体験した記憶だけでなく、宇宙誕生からたった今のことまで、すべての生命の記憶がふくまれているのです。なぜなら私たちは創造主とつながっている存在だからです。

今の自分は、「過去の自分の反映」ともいえますので、自分の潜在意識にある情報を修正すれば、問題が解決すると、ホ・オポノポノでは考えます。興味深いのは、他人に起きた問題も自分自身の情報を修正することで解決できるということです。つまり、その人がまったく知らないところで、その人の問題を解決してあげることができるのです。というのも、すべての生命の記憶が自分の潜在意識のなかにあるからです。

では、具体的にはどうするのでしょうか。それは簡単です。「ごめんなさい（I'm sorry.）」「許してください（Please forgive me.）」「ありがとう（Thank you.）」「愛しています（I love you.）」の四つの言葉をセットにして、ただ繰り返して言うだけです。

「これこれこういうことに関して私のなかの潜在意識の中を修正してください。ごめんない。許してください。ありがとう。愛しています」と繰り返せばそれでいいのです。

ホ・オポノポノに関しては、関連の書物がたくさん発行されていますので、もっと知りたい方は、それを参照してください。

ホ・オポノポノは、まさに、言霊の力で、過去を修正するといえるでしょう。

同じような言葉に、「ツキを呼ぶ魔法の言葉」というのがあります。これは、五日市剛さんという方が、大学院生だったころにイスラエルを旅行した折、知り合ったおばあさまに教えてもらったものだということです。

方法は簡単で、「ありがとう」「感謝します」の二つの言葉をいうだけです。ただし、使い方にちょっとしたコツがあって、普段、ありがとういうべき場面だけではだめなのです。辛いことに出会った時、苦しい時、それこそ問題が起きたときに、「ありがとう」「感謝します」と心からいうのです。

おそらくはじめは、ただの言葉だけでしょう。けれども、これを繰り返すうちに、「ありがとう」「感謝します」の本当の意味が分かり、心から感謝でき、言葉に本来の言霊パワーがのれば、奇跡は起こるでしょう。

ツキを呼ぶ魔法の言葉に関しても書籍がいくつもでていますから、興味があればお読みになるといいでしょう。

ホ・オポノポノもツキを呼ぶ魔法の言葉も、書籍には、奇跡のような結果がいくつも紹介されています。しかし、私は、これらの問題解決技法をお勧めしているのではありません。言葉には、奇跡が起こせるような力があるということをお伝えしているだけです。

本当に苦しんでいる人が緊急避難的にこうした技法を活用するのはいいかもしれません。けれども本当の問題解決は、言霊の力だけに頼らずに、自らの行動によって行うのが基本です。

問題というのは、起こるべくして起こっており、それには必ず理由があります。その原因から解決することが今は求められているのです。

富を得、豊かになることはすてきなことです。願いがかなえば幸せかもしれません。しかし、人生はそれのみを目的としてはなりません。拝金主義に陥ってしまうことにもなるのです。

人にとって大切なのは、霊魂です。魂の成長のために人生はあるのです。身に降りかかる問題は、魂の成長を促すためのものの場合もあります。ですから、技法を使って簡単に解決することが正しい選択とは限らないことも多いのです。

ホ・オポノポノはハワイから、ツキを呼ぶ魔法の言葉はイスラエルから伝わったものですが、日本でも、神さまから問題解決技法を教えられているのです。日本人は、日本のやり方で行うのが一番だと私は思います。その詳しい方法は、第四章でご説明いたしましょう。

ここでは、美しい、そして正しい言霊を使うことが幸せを呼ぶと考えておいてください。

神代文字の成りたち

神代文字の修練の過程で起こった不思議な出来事をご紹介しました。いずれも奇跡としか思えないものです。実は、このような不可思議な体験を一番初めに経験させていただいたのは、私自身でした。

それまで苦しんでいた不治とも思われる病が、気がつくとすっかり消えていました。文字を書くということは、それぞれの文字を出された神様のはたらきを地に表すということです。そのお手伝いをさせていただきながら私自身、エネルギーをいただいていたのだと思います。

癒されたのは身体だけではありません。健全な精神が宿ることで、毎日が楽しく、感謝しながら過すことができるようにもなりました。

その神代文字とはいったいどのようなものでしょうか。

神代文字は、天地創造の神々様がお創りになり、それが人に下りてきたものなのです。火（日）の神さまのエネルギーと水（月）の神さまのエネルギーが天意《あい》で結ばれたもの、それが言霊であり、目に見える型となったのが神代文字です。

おそらくはじめは、声で音を出しながら、自動書記のような形で手が勝手に動き、文字として現れたものと考えられます。

こうして創られた神代文字は、神さまのご意志を伝えるために使われましたが、やがて人と人との間にも使用されるようになったのです。その文字には、神さまの波動（エネルギー）が入っておりましたので、文字を書くことによって、相手に良い影響を与えていました。

そのエネルギーは次のような形で伝えられます。

天地創造主（目に見えないエネルギーの世界）

⇓

天照主大日大神（目に見えないエネルギーの世界）

⇓

上古一代のスメラミコト（約二十三万年前：目に見えたり見えなかったりするエネルギーの世界）

⇓

人（ヒト・霊止、目に見えるエネルギーの世界）

つまり、天地創造主の意思（エネルギー）が、最終的に人の手によって文字となったのです。図6に図に示しましたので参照してください。

そして、神代文字が、七次元以上の神界から人間界に下されるまでの仕組みを図7に示しておきました。

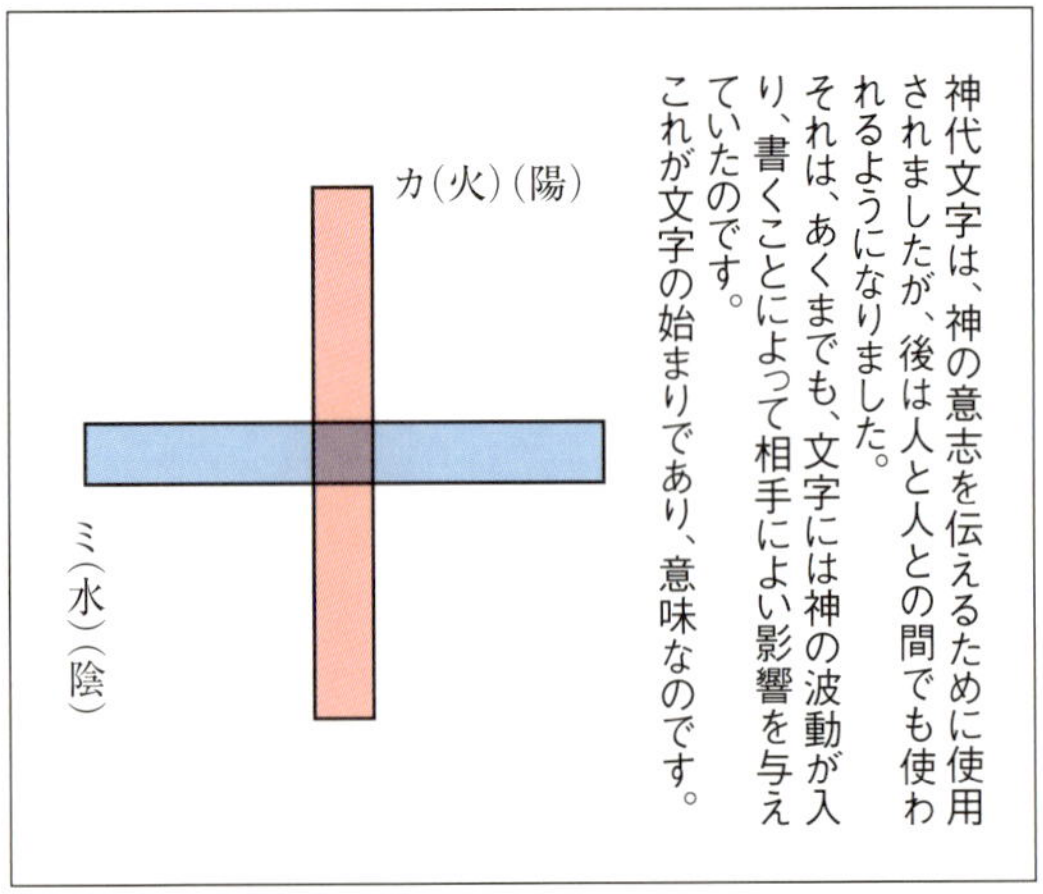

神代文字は、神の意志を伝えるために使用されましたが、後は人と人との間でも使われるようになりました。

それは、あくまでも、文字には神の波動が入り、書くことによって相手によい影響を与えていたのです。

これが文字の始まりであり、意味なのです。

カ（火）（陽）

ミ（水）（陰）

図6　神代文字（霊ノ元ツ国古代和字）の成りたち

神代文字は、火と水が神の天意（あい／御こころ）によって十字に結ばれることから生まれた。神の意志を人に伝えることが当初の目的だったのだ。

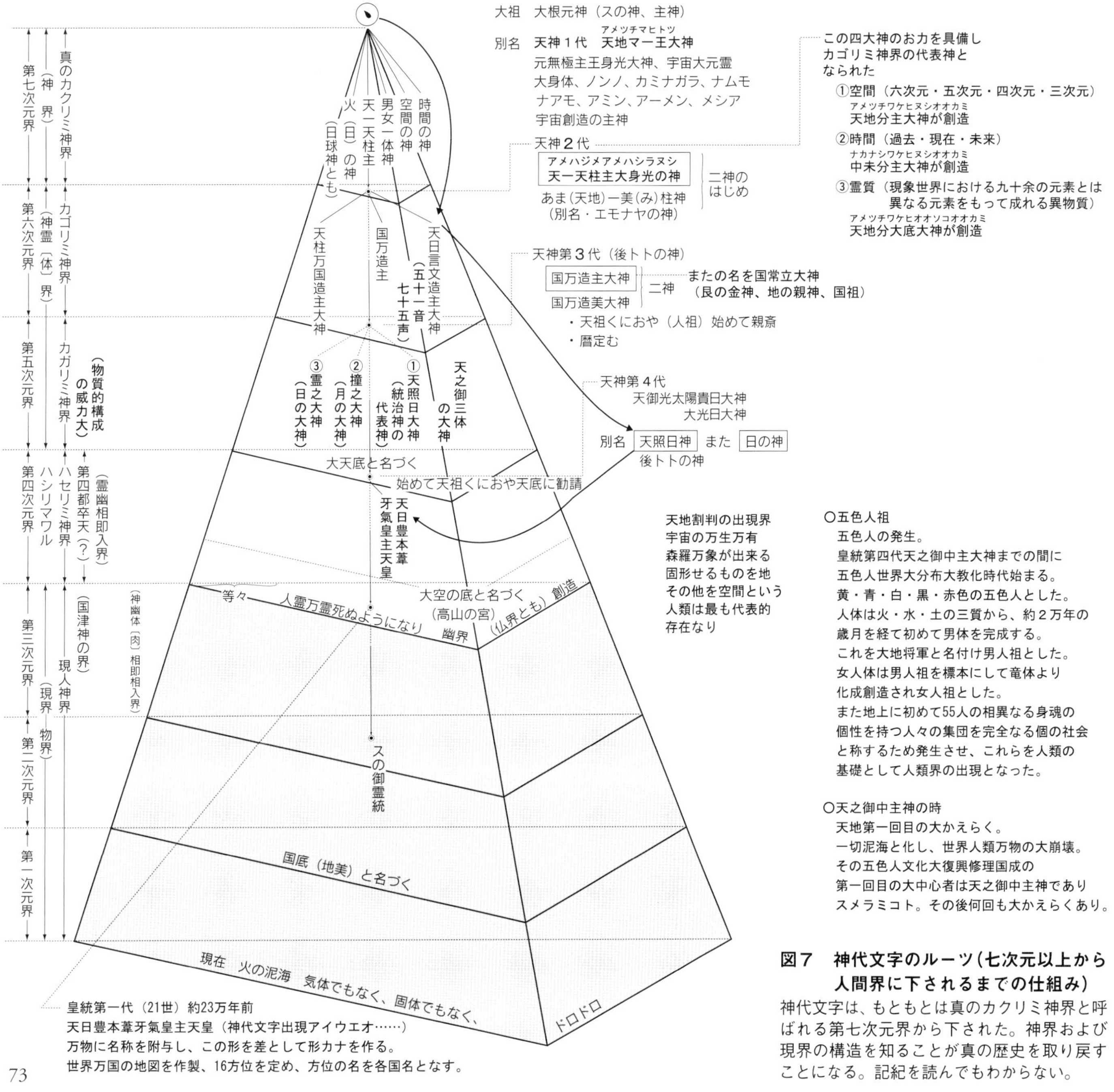

大祖　大根元神（スの神、主神）
別名　天神１代　天地マー王大神《アメツチマヒトツ》
元無極主王身光大神、宇宙大元霊
大身体、ノンノ、カミナガラ、ナムモ
ナアモ、アミン、アーメン、メシア
宇宙創造の主神
天神２代
天一天柱主大身光の神《アメハジメアメハシラヌシ》
あま（天地）一美（み）柱神
（別名・エモナヤの神）
二神のはじめ
この四大神のお力を具備し
カゴリミ神界の代表神と
なられた
①空間（六次元・五次元・四次元・三次元）
天地分主大神《アメツチワケヒヌシオオカミ》が創造
②時間（過去・現在・未来）
中未分主大神《ナカナシワケヒヌシオオカミ》が創造
③霊質（現象世界における九十余の元素とは
異なる元素をもって成れる異物質）
天地分大底大神《アメツチワケヒオオソコオオカミ》が創造
天神第３代（後トトの神）
国万造主大神
国万造美大神
二神
またの名を国常立大神
（艮の金神、地の親神、国祖）
・天祖くにおや（人祖）始めて親斎
・暦定む
天神第４代
天御光太陽貴日大神
大光日大神
別名　天照日神　また　日の神
後トトの神
第七次元界
（神　界）
真のカクリミ神界
時間の神
空間の神
男女一体神
天一天柱主
火（日）の神（日球神とも）
第六次元界
（神霊〔体〕界）
カゴリミ神界
天日言文造主大神（五十一音　七十五声）
国万造主
天柱万国造主大神
第五次元界
カガリミ神界
（物質的構成の威力大）
天之御三体の大神
①天照日大神（統治神の代表神）
②撞之大神（月の大神）
③霊之大神（日の大神）
第四次元界
ハシリマワル
ハセリミ神界
第四都卒天（？）
（霊幽相即入界）
大天底と名づく
始めて天祖くにおや天底に勧請
天日豊本葦牙氣皇主天皇
天地剖判の出現界
宇宙の万生万有
森羅万象が出来る
固形せるものを地
その他を空間という
人類は最も代表的
存在なり
第三次元界
（国津神の界）
現人神界
（現界　物界）
（神幽体〔肉〕相即相入界）
大空の底と名づく
（高山の宮）
等々　人霊万霊死ぬようになり
幽界
（仏界とも）創造
スの御霊統
第二次元界
第一次元界
国底（地美）と名づく
現在　火の泥海　気体でもなく、固体でもなく、ドロドロ
皇統第一代（21世）約23万年前
天日豊本葦牙氣皇主天皇（神代文字出現アイウエオ……）
万物に名称を附与し、この形を差として形カナを作る。
世界万国の地図を作製、16方位を定め、方位の名を各国名となす。
○五色人祖
五色人の発生。
皇統第四代天之御中主大神までの間に
五色人世界大分布大教化時代始まる。
黄・青・白・黒・赤色の五色人とした。
人体は火・水・土の三質から、約２万年の
歳月を経て初めて男体を完成する。
これを大地将軍と名付け男人祖とした。
女人体は男人祖を標本にして竜体より
化成創造され女人祖とした。
また地上に初めて55人の相異なる身魂の
個性を持つ人々の集団を完全なる個の社会
と称するため発生させ、これらを人類の
基礎として人類界の出現となった。
○天之御中主神の時
天地第一回目の大かえらく。
一切泥海と化し、世界人類万物の大崩壊。
その五色人文化大復興修理国成の
第一回目の大中心者は天之御中主神であり
スメラミコト。その後何回も大かえらくあり。

図７　神代文字のルーツ（七次元以上から人間界に下されるまでの仕組み）

神代文字は、もともとは真のカクリミ神界と呼ばれる第七次元界から下された。神界および現界の構造を知ることが真の歴史を取り戻すことになる。記紀を読んでもわからない。

それが神代文字で、やがてこの神代文字から、世界中の文字が生まれることになりました。世界の文字は、元がひとつ。神代文字がそのもとでした。

ところが、いまの学問の世界での定説では、古代中国の殷の時代にあったとされる甲骨文字から漢字が生まれ、やがてそれが日本に輸入されて、その漢字から、平安時代にひらがなやカタカナが作られたということになっています。

その説の根拠は、斎部広成《いんべのひろなり》という人が著した「古語拾遺《こごしゅうい》」という古い時代の書物です。

その冒頭に「聞くところによると、上古の世は文字がなく、貴賤老少問わず、口から口へ伝えていた」と述べられているのです。たったそれだけのことです。確かに文字がないと記されていますが、それはあくまで伝聞で、伝え聞いただけの話です。本当に信憑性があるのでしょうか。これだけのことで証明になるのでしょうか。

古語拾遺は八〇七年に成立したとされる、斎部氏の由緒を記した書です。斎部氏は朝廷の祭祀を司る家系で渡来人です。同じ役職の中臣氏と競い合っていました。大化の改新以後、祭祀にかかわる重要な役職は中臣氏に独占され、あせった斎部氏は自らの正統性を主張するために、この書を著したといわれています。

古事記の成立が七一二年、日本書紀が七二〇年で、八〇七年の古語拾遺は日本書紀をベースにしたともいわれていますが、斎部氏独自の見解も随時挿入されています。

では、なぜ、斎部広成が序文の冒頭で、「昔は文字がなかったと聞いている」と書かなければならなかったのか。それは、「巷間伝えられている歴史は、もともとが口伝であるから信憑性に問題がある。自分のこの主張こそ正しい歴史である」といいたかったからだと思われるのです。さらには、朝廷への配慮がありました。記紀を読めば解るように、朝廷は、蝦夷や隼人と呼ばれる原日本人の歴史を消し去りたかったのです。広成は、自らが成立させた斎部氏の由緒を召し上げられないよう、冒頭にそう記すことで、朝廷への忠誠を示したのでした。

ユネスコの統計（二〇〇四年）によりますと、現在、世界でもっとも識字率の低い国は、ベナンで39・8％、次がセネガルで41・0％です。文字は習わなければ読むことも書くこともできません。現在でも貧しい国の人々は半数以上の人たちが文字を知らないのです。

平安時代、寝殿造の広い豪華な家に住み、十二単を着ていたのは貴族だけでした。一般庶民は、まだ縄文時代からの竪穴式住居で生活していたのです。平安時代でもそうですから、奈良時代よりももっと前の上古の時代は、食べていくのに精いっぱい、もちろん、寺子屋すらない時代です。文字を習う余裕はなかったのでしょう。漢字を使っていたのは、渡来系の貴族たちだけだったはずです。

太古に文字がなかったのではありません。広まっていなかったのです。神から下された文字は、神字です。言霊というエネルギーを持ち、奉納文として奏上すれば願いを叶えることもできます。おそらく秘密にされ、ごく一部の人にしか伝えられていなかったと考えるのが自然です。

もちろん、渡来人である斎部氏が、自身のおもわくで超古代の文明を抹殺隠ぺいするために「昔は文字がなかったと聞いている」と記したとみることもできます。あるいは、力を得た渡来人が漢字を使い始め、焚書を恐れた原日本人が意識的に隠したと考えることもできるでしょう。

いずれにしろ、現に、伊勢神宮文庫に現存するわけですから、存在は否定しようがありません。図8をご覧ください。これが伊勢神宮文庫および各神社に秘蔵されていた、神代文字で記された神符と奉納文です。

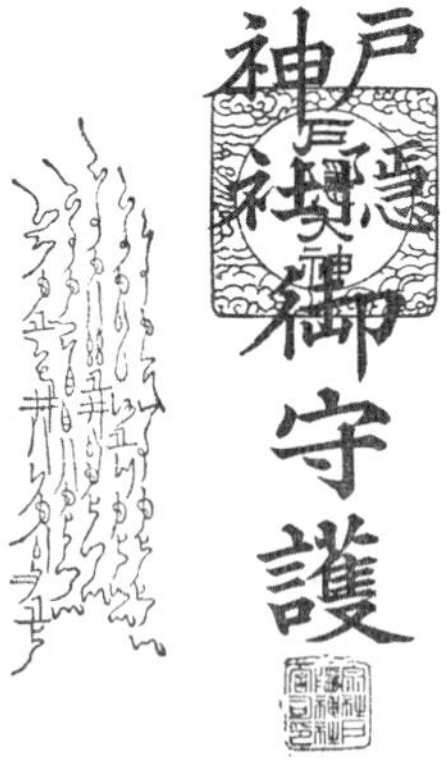

戸隠神社

アメノウネメノミコト
アメノオモヒカネノミコト
アメノタチカラヲノミコト
アメノウハハルノミコト
アマノカシラタマノオホカミ

兵庫県・伊弉諾神社の神符

アメノ
メグリ
ノミヤ

宮城県・塩竈神社の神符

シホカマミハシラノオホカミ
（外輪最上部から左に）
オホミシル
（内輪の上部より左に）
シ
（中心部）

宮城県・稲荷神社の神符

ワクムスビノカミ
ウカミクマノカミ
ウケモチノカミ

富山県・立山中宮雄山神社の神符

タチヤ
マノカミ
ノシルシ

図８　伊勢神宮および各神社に秘蔵されていた神代文字で記された神符と奉納文

伊勢神宮文庫に残されていた神代文字で記された奉納文。歴史上有名な人物のものもある。神符は各神社に残されていたもの。古代の日本には独自の文字がないとした学会の見解は間違いであることがこれで証明された。

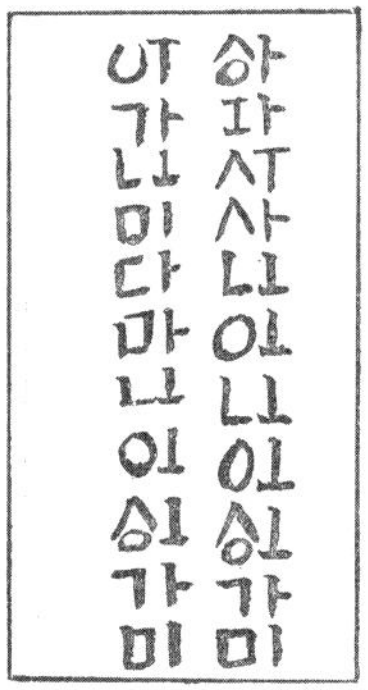

須賀神社
ハヤスサノオノオホカミ
ウカノミタマノオホカミ

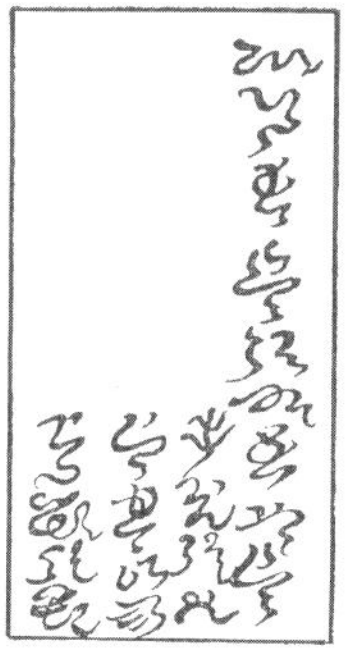

石上神社
フツノミタマノカミ
イソノカ
ミノオホ
ミシルシ

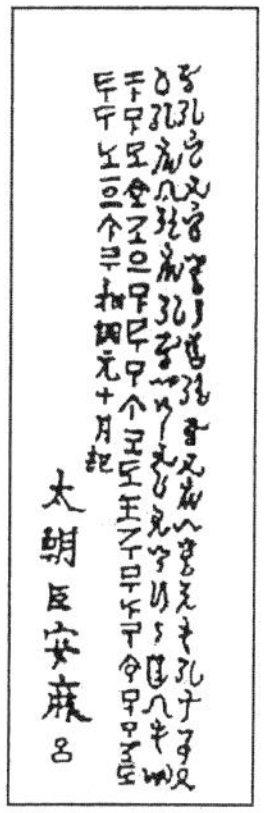

太朝臣安麻呂（～七二三）
アヒル文字・アヒルクサ文字

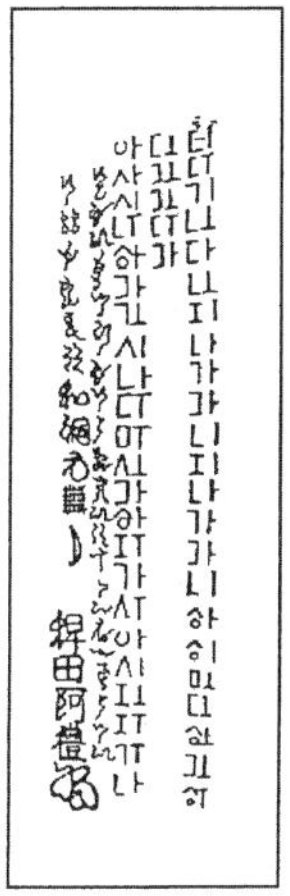

稗田阿礼（六四七～七一四）
アヒル文字・アヒルクサ文字

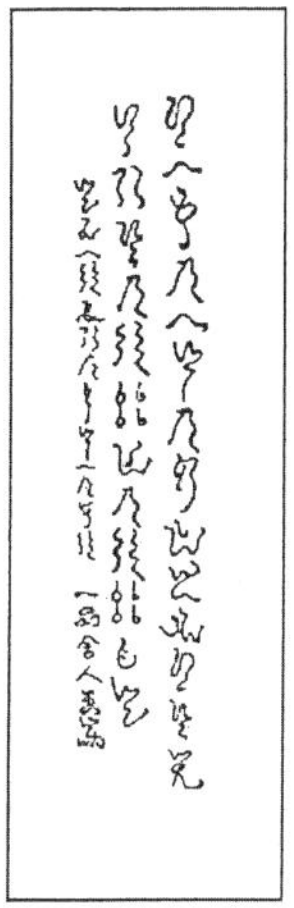

一品　舎人親王
アヒルクサ文字

しかし、それでも、これらの文字は、後世にねつ造されたものだと考える人もいます。神さまへの奉納文ですから、偽りのものを納めるはずもなく、そしてその根拠もないのですが、神代文字を認めると教科書の歴史がひっくり返ってしまうので、それでは困る学者がねつ造説を唱えているようです。

私が神代文字の展覧会を開催しているときにこんなことがありました。

いつものように朝十時に会場の入り口を開けようとしたところ、一人の紳士が近づいてくるのです。そして、

「あなたがこの主催者ですか」

と聞いてきました。

「はい、そうです」

と答えますと、

「このような文字は見たことも聞いたこともない。こんなありもしない嘘のような文字展はやめなさい」

といって、名刺を差し出してきました。それには「文学博士」という肩書も見えました。

私はその方に申しました。

「そのようなお仕事をしていらっしゃるのでしたら、(神代文字のことは)よくおわかりと存じます。『見たこともない』とお伺いしてびっくりしています。芸術家(書道家)でいらっしゃるならまだしも、文学博士と名乗っておられるのでしたら、ご研究はもうお済みと思いますが……」

すると、紳士はすかさず、

「こんな催し物はすぐやめなさい。そうしないとあなたの身が危なくなりますよ」

と今度は、脅しをいって、私を睨みつけたのです。私は、

「どのような意味かわかりませんが、伊勢神宮にもきちんと保管されている文字を嘘だ

とか、ないものとする考え方は理解できません。この身が危ぶまれようとも構いませんので、今後も続けます」

と、きっぱり申し上げました。それでも紳士も引きさがりません。

「このような文字を出されると困る。なぜなら『日本には固有の文字はない』とする今までの定説が危ぶまれるからです。だから、こんなものはないものとしてください」

と今度は懇願するようにいわれました。

「それでは『なかった』という証拠を私に見せてください。そうしたらそのようにいたしましょう」

と申しました。その方はムッとした顔をしたかと思うと、会場に置いてあったパンフレットを手づかみにして、急ぎ足で立ち去って行かれたのです。

私は、そのうしろ姿を見送りながら、手を合わせました。そして、

「あなたには申し訳ありませんが、すべてわかったうえで実践していることですから……」

と心のなかでつぶやきました。

神代文字を否定する学者の根拠として古代8母音説が挙げられることもあります。というよりこの説を根拠に、学会では神代文字を後世の偽作としているようです。古代8母音説というのは、「奈良時代には、母音があいうえおの5音のほかに、3音があった。それは、いえおに甲乙の二種類があったからだ」というものです。

ですから、あいうえおの5母音からなる神代文字は、平安時代以降のものだというわけです。しかし、そうだとすると、なぜ、古代より奈良時代まで使われていた8母音が、平安時代に急に5母音になってしまったのでしょうか。そこのところは一切沈黙です。

古代8母音説の根拠は万葉仮名です。万葉仮名では8母音が使われているのです。万葉仮名とは、漢字の音を借用して作られた仮名文字で、おもに「万葉集」で使われているの

で、この名があります。万葉集は、七四五年に成立していますが、万葉仮名は遅くてもその百年前には作られていたと考えられています。

ところが、最近、この古代8母音説の有力な反証ともいうべき、学説が出されました。古代の日本で使われていた日本語は一貫して5母音であったが、渡来人の影響で8母音のものも作られた、という説です。つまり、奈良時代もその前も、現在の5母音とほとんど変わらなかったのです。万葉仮名だけが、当時の漢字の発音に合わせようと作られた、特殊なものだそうです。

これなら、平安時代に8母音はなくなり、5母音が使われたことも無理なく説明できます。もともと5母音だったのですから、発音しづらい8母音は自然に消滅したのです。

これで神代文字偽造説は、学問的にも覆されました。会場に来られたあの学者の方も直感では神代文字が本物であることをわかっていたのです。ですから恐れをなし、あのような態度をとられたのだと思われます。

日本語が5母音であることは、とても大事なことです。それゆえ、8母音であるはずもないのです。古来より、宇宙の構造がこの5母音に黙示されているのです。

以前、右脳と左脳が比較されたときがありました。日本人は、虫の音や動物の鳴き声、小川のせせらぎ、波、風、雨の音などを言語脳である左脳で処理するために、これらの音を意味のあるものとしてとらえるのだそうです。それが情緒的な日本文化を作りだしています。

一方、西欧人は、これらの音を機械音や雑音と同じ右脳で処理するために、感情的な音としてとらえることはないそうです。つまり、鈴虫の鳴く声や小川のせせらぎや波の音を聞いて癒されるのは、日本人だけなのです。

「しずかさや　岩にしみいる　蝉の声」

この有名な松尾芭蕉の句も西欧人では理解不能でしょう。

この現象は、日本人という人種の特徴ではなく、十歳まで日本語を母国語として成長したすべての人に現れることが、右脳と左脳について研究した角田忠信氏によって明らかにされました。

それは、日本人、在留の外国人、留学生、帰国子女などの人々を調べてわかったことで、たとえ、外見も国籍も人種的にも日本人であっても、十歳まで日本語を母国語としていなければ、この傾向は現れないのです。反対に、肌の色や人種を問わず、日本語を母国語としていれば、虫の音を情緒的な音としてとらえるのです。

5母音の日本語は、日本人を日本人ならしめる大事なはたらきがあったのです。

世界の文字は神代文字が元になっている

神代文字は後世の偽作ではなく、真相は逆で、後世の文字が神代文字を元に作られました。今の教科書の歴史では、古代の日本は文明が遅れていて、中国や当時の朝鮮から文化を輸入して発展できたと考えています。ですから、何かが発掘されると、それはどこから来たものか、元は中国だろうか、朝鮮だろうかと考えてしまうのです。

どうして、日本で発明されたのが、中国へ伝えられたと考えられないのでしょうか。確かに、魏志倭人伝を読めば、日本は野蛮な国というイメージをもちますが、魏志倭人伝は中国で記されたもので、当時中国は自国以外の国はすべて蛮国と考えていました。すべてを鵜呑みにはできません。

かつて日本は、世界の中心でした。世界に存在する菊の紋章がそれを証明しています。そしてもう一つ、その証拠というべきものが、神代文字（言霊）なのです。ですから、神代文字を認めると、世界の歴史がひっくり返ってしまうのです。それを恐れて学者たちは、偽作として封じ込めようとしているのです。

しかし、時が至り、歴史の真実を明らかにするときがきました。その扉をあけたのが、昭和天皇だったのでしょう。わたしは、そのお手伝いとして、神代文字を復活させ、後世に残そうとしているのです。

ちなみに、国々に伝えられている文字をいくつかご紹介いたしましょう。図9に示しました。日本のカタカナモジ、いろはの根本字も示しておきます（図9）。

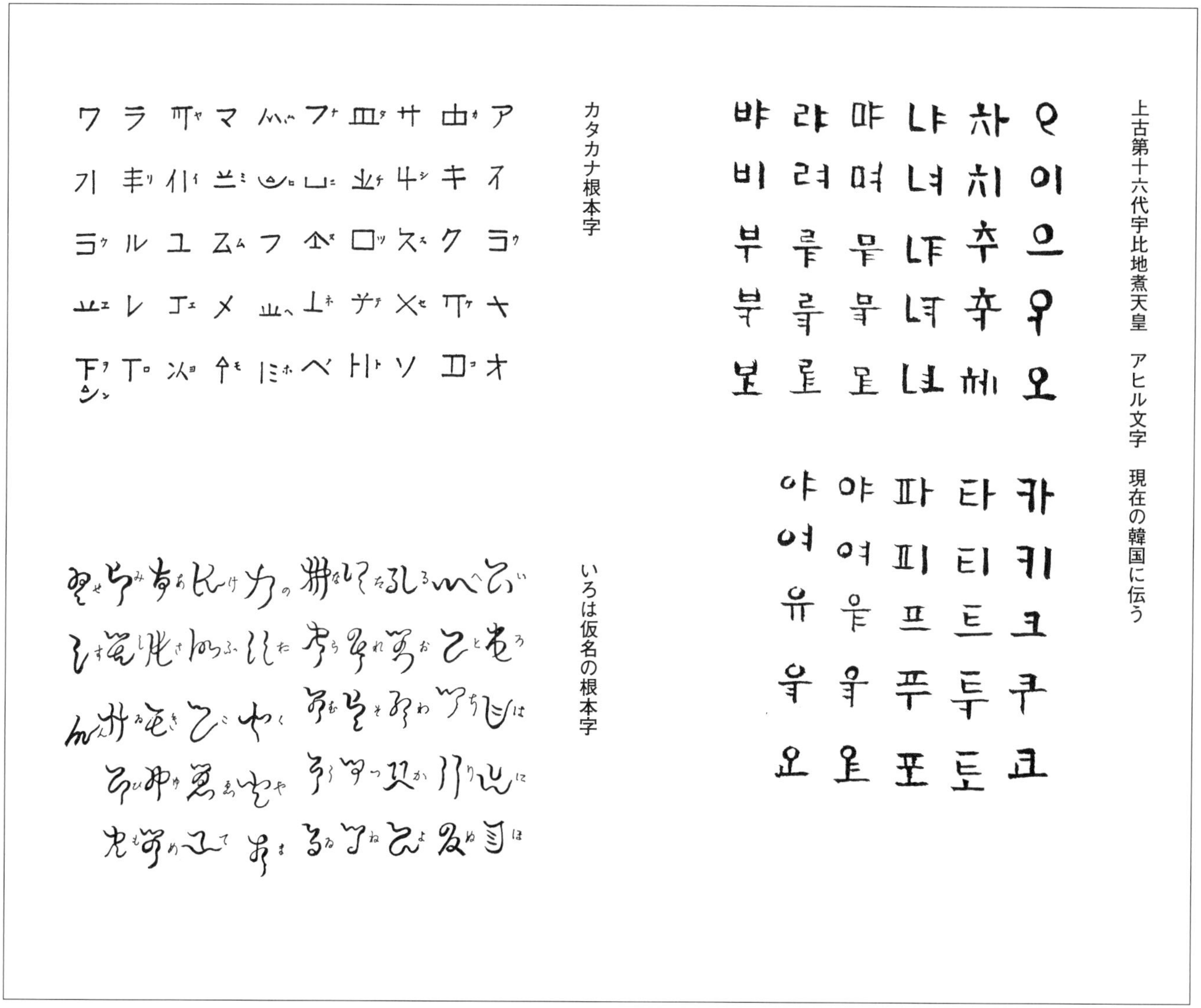

図９　神代文字の実際

神代文字の代表的なもの。アヒル文字は、韓国に伝わりハングル文字の元になった。
テイヒ文字は、中国へ伝来し漢字の元となる。

宇麻志阿志訶備比古遅天皇即位八百万年ムツヒ月作ラセル　ウマシ文字

天皇即位八百万六千五百八年シハツ月二日、自身筆　ウマシ文字（ABCアルファベットの原始型）

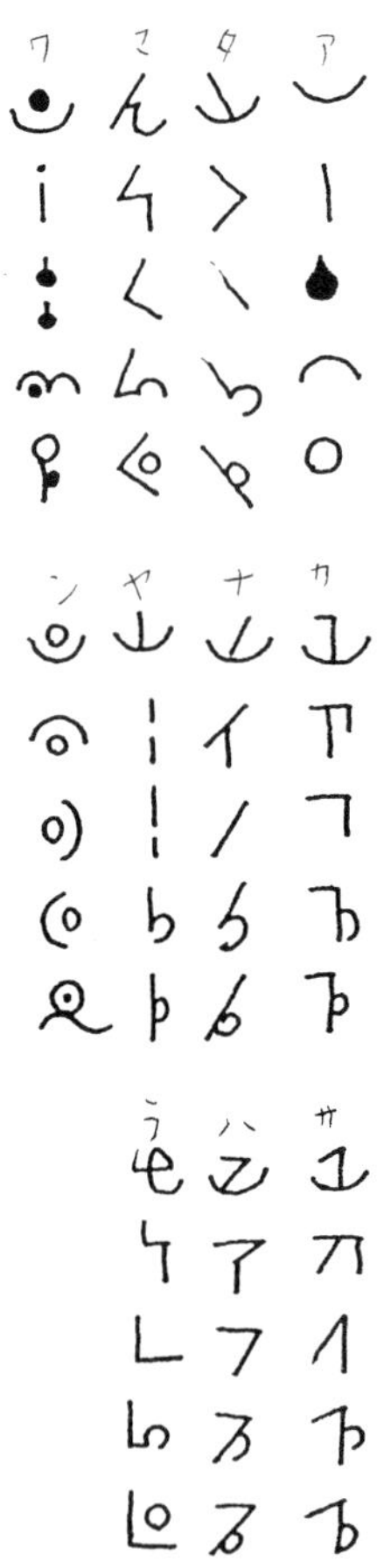

不合三代　真白玉真輝彦天皇　テイヒ文字（中国漢字の元）

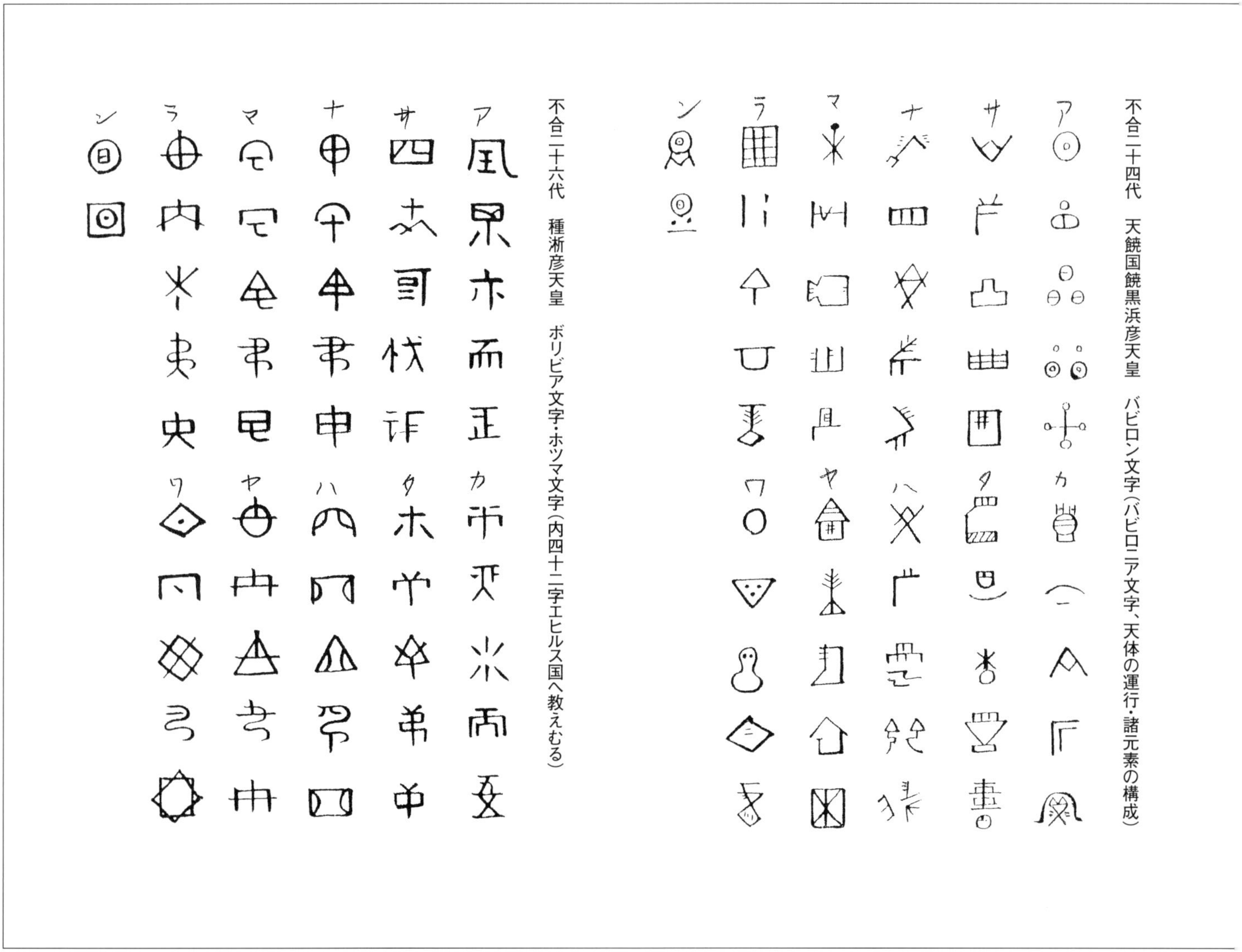
不合二十四代　天饒国饒黒浜彦天皇　バビロン文字（バビロニア文字、天体の運行・諸元素の構成）
ア サ ナ マ ラ ン
カ タ ハ ヤ ワ
不合二十六代　種浙彦天皇　ボリビア文字・ホツマ文字（内四十二字エヒルス国へ教えむる）
ア サ ナ マ ラ ン
カ タ ハ ヤ ワ

図９（続き）

第三章　真の歴史を取り戻すことの大切さ

過去の行いの結果が現在であり、現在の結果が未来です。誰にでも触れられたくない過去があるように、施政者にとっても隠しておきたい歴史があるようです。

しかし、未来を展望するには、歴史の真実を知る必要があるでしょう。膨大な歴史のほんの一端ですが、流れの概略をまとめてみました。

宇宙のしくみと神代文字

いまの歴史の時代の前、ムーとアトランティスの時代がありました。ムー大陸が栄えていた頃の歴史は、「竹内文献」に記されています。もちろん、ムーの時代に書かれたものが残っているのではないでしょう。神からの啓示という形でいつの時代かに下されたものと思われます。

「竹内文献」も偽書として葬られようとしている書物ですが、その理由は神代文字と同じです。確かにおかしな部分もあるでしょう。それは後世に付け加えられたところかもしれません。しかし、歴史の大筋は正しいとみるべきです。細かな不都合な点を取り上げて全体を見誤ってはなりません。

太古の昔、いや、まだ時間もありませんから、太古というべきではないのかもしれません。未来と過去は同時に存在するというパラレルワールドについて述べられた論文もありますから。それを考えると話が難しくなりますので、ここでは太古の大昔ということにしておきます。

宇宙をデザインした存在がありました。この存在を私は「主《ス》の神《かみ》」と申し上げております。そのスノカミが、あるとき宇宙創造の意思をもたれたのです。スノカミは、ご自分を分化させることで、初めの七柱神のほかに四十八《よとや》の神々を創造します。これが「アイウエオ……」の五十音図の創造となります。ただし、最初はア、オ、ウ、エ、イの順でしたが。もう一度、表3をご覧ください。

つまり、「ア」の神、「オ」の神、「ウ」の神……の誕生です。これらの神々もスノカミとお呼びします。元の神のご分神ですから。しかし、これらの神々には特定のおはたらきがあります。「ア」の神は「ア」のはたらきです。母音は意味を持つといわれているのは、「ア」なら、「ア」という母音は、神のはたらきを表現したものだからです。ここが音だけ伝える子音との大きな違いです。

では「カ」はどうでしょうか。「カ」をローマ字で書くとKAと書くように、「カ」には、子音Kの後ろにAすなわち「ア」の母音が隠されており、同じく、「カ」という神のはたらきを象徴しているのです。

とくに、五十音図の前の五行（アカサタナ）を霊音（陽の正音）といい、高天原《たかあまはら》に坐《ま》します神の御名なのです。霊音の中央は、「ス」の神となり、主の神（スノカミ）のスでもあります（表3参照）。

また、これはスメラのスでもあります。スメラとは、私たち日本人の霊統のことです。それに対して、ハからワ行の五行は、陰の正音といい、真ん中は、ユとなります。これはユダヤのユを表しています。

日本語の単語の一つひとつは、このように神のおはたらきを羅列したものです。ですから、言霊となるのです。

ここで遺伝子・DNAを考えてみましょう。DNAは人体の設計図にあたります。構造は、リン酸と五炭糖とに結合した四つの塩基（A／アデニン）（G／グアニン）（C／シトシン）（T／チミン）が並んだものです。この塩基を三つつなげて読みとると、一つのアミノ酸を作ることができます（これもミロクの原理の表れでしょう）。

そのアミノ酸がつながってたんぱく質ができ、そのたんぱく質をさらにつなげて臓器や筋肉を作り、人体が創造されるのです。

この塩基A、G、C、Tをそれぞれ母音と考えれば、塩基がつながったアミノ酸が言葉となります。五十音図は5母音だから、塩基が一つ足りないと考える人もいるでしょう。実は、塩基にはもう一つ種類があります。核酸には、DNAのほかにRNAがあり、このRNAでは、おもにチミンの代わりにウラシル（U）という塩基が使われているのです。

宇宙は相似形ですから、一つの原則がいろいろなことにあてはまります。こう考えれば、言霊が宇宙を創造したというのもなんとなくわかるような気がすると思います。

アイウエオ五十音図の創造は、宇宙の創造とイコールです。五十音図は、天地創造のためにご出現された神々様の順番なのです。

ただし、最初はいまのような「アイウエオ」の順ではありませんでした。「アオウエイ」の順です。アオウエイのそれぞれは、意思が凝縮して粒子状になったものと表現でき、その粒子状のものを「気」といいます。この「気」の粒子が一つなら、「ア」、二つなら「オ」です。「ウ」が三つ、「エ」が四つ、「イ」が五つです。以下は表（表1および表3）を参照してください。

そして、この気の数が「数霊《かずたま》」となります。原子の構造も、陽子と中性子がくっついて原子核となり、その周りを電子がまわる構造になっています。陽子、中性子、電子の数の違いが原子の形質の違いとなり、水素や酸素、炭素などの原子となります。これは、「気」の数で「ア」や「オ」などの母音が決まる言葉そのものです。ですから、原子も五十音図と対応させることができるのです。

実は、この「アオウエイ」の五十音図は、二つ創られました。二つの世界ができたということです。一つの五十音図（スノカミの集合体）を火の神、もう一つの五十音図を水の神と申し上げます。また、陽音は、中心が（ス）で、天宇宙を造るお役、陰音は、中心が

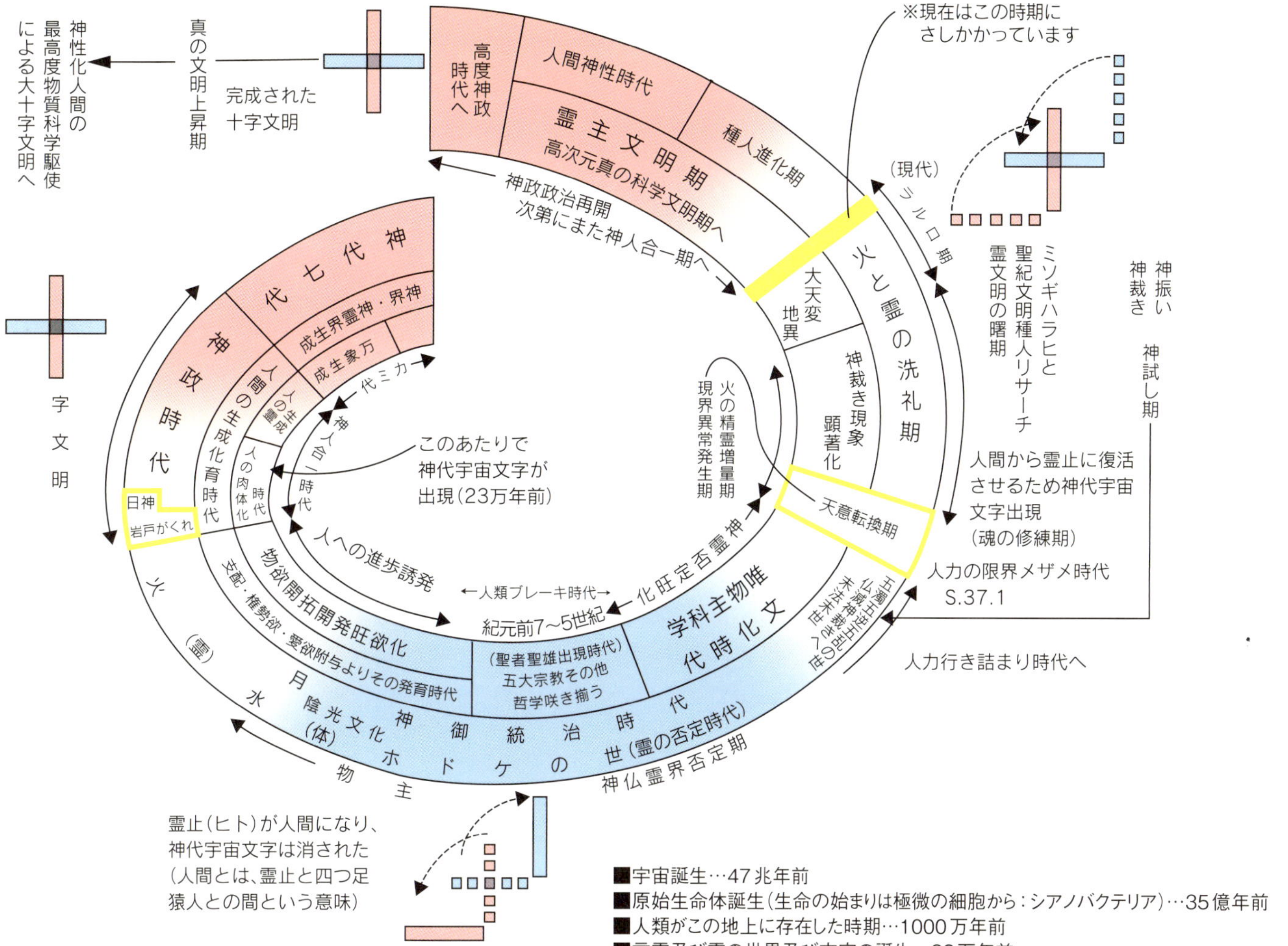

■宇宙誕生…47兆年前
■原始生命体誕生（生命の始まりは極微の細胞から：シアノバクテリア）…35億年前
■人類がこの地上に存在した時期…1000万年前
■言霊及び霊の世界及び文字の誕生…23万年前

天地創造がなされ、そして人間が生成されます前に、人間に魂の入れ役をされました神様が出現しております。これを神道ではヨトヤ（48）の神様と申し上げており、国万造主の神様を中心として、これらの神々が活動されております。これらの神様は、それぞれ皆、み働きが違い、それが神々の個性となっています。そのヨトヤの神のみ働きをすべて結集すれば、そこに完成したすべてのみ働きが集成するわけです。それが主神様です。したがって、人間界もそれぞれ魂を入れられたヨトヤの神様の個性をもった人々が、この世に出ているわけです。

図10 主神の御経綸《ごけいかく》進展と人の進化の行程

神政時代の約1, 000万年前に人類が創造され、霊性が高まった神人合一時代を経て、今の物質文明が興った。
現在は、天意転換がなされラルロ期に突入したところ。そして再び、神人合一の時代へと大転換することが経綸として定められている。

（ユ）で、現象界に導く完成させるお役があります。

簡単にいえば、宇宙の創造主スノカミは、分化したそれぞれの自らを再び合体させて火の神と水の神を創られたということになります。さらにこの二柱の神様が結ばれる（合体する）ことにより、宇宙に形あるものが生まれました。ビッグバン説に則れば、これが物理的な宇宙創造のはじまりです。

宇宙創造主スノカミは、人にたとえるなら、子宮に宇宙を創造したのです。水の神の子宮に卵（宇宙卵）を宿し、火の神の一厘（精子）を入れました。そして、地球ができあがると、人が住めるように環境を整えます。この時代が神代七代で、生命を誕生させ、酸素を作り、生命が共生する生態系を作り上げたのです。科学でいえば、古生代までの歴史に相当するでしょう。この創造主のご計画（経綸）を図10に示しておきましたので、よくご覧ください。

人類の誕生

科学でいう中生代からは、神政時代に入ります。人類を誕生させるための環境創りがなされた時代です。

そして、環境が整うと人類が降ろされました。文明も発達しましたが、天変地異で滅んでしまいます。科学では、もちろん、そのことは明らかにされていません。しかし、「オーパーツ」と呼ばれる、今の科学では説明のつかない出土物がそれを証明しています。

人類は、一度滅ぶと、原人からのやり直しです。今の人類につながる人の誕生は、およそ一〇〇〇万年前、昴座（プレアデス）のテーラー太陽系のリラ星から地球に入植した、イシュヴィシュヤワエを長とする集団が日本に下り立ったことから始まります。

この人々は、原人（旧石器時代）の遺伝子に自らの遺伝子を加えることによって、原日本人を創りました。ですから、彼らは、私たちの視点から見れば、人体を創造した神ということになります。

人類の創造には、いくつかの宇宙人種が関わって、世界各地で行われました。その時代も様々です。いわゆる猿人、原人、ネアンデルタール人、クロマニヨン人、巨人といわれる種族、あるいは、ギリシャ神話に登場する半獣半人などもそうです。

進化とは、それぞれの種が進化していくもので、種の壁を超えて、猿が人になるのではありません。ミッシングリンクといって、それぞれの中間の種は見つかっていないのです。

今日、ホモ・サピエンスと呼ばれる今の人類は、日本で創られたと思われます。竹内文献では、「日玉《ひだま》の国」で五色人《いろびと》が創られたと述べられています。

「日玉の国」というのは、飛騨の位山、乗鞍岳あたりから、信濃、奥州の十和田湖あたりまでの範囲に存在したと思われ、五色人は十和田湖近辺で創られたと推測できます。ただし、日本列島はいまの龍の形ではなかったと思われ、現在の本州の中心部あたりが日玉の国だったと考えればいいでしょう。

日玉の国に初めにお降りになられた神さまが「天照主日大神様《あまてらすひおほかみさま》」です。

当時の日本には、すでに原人が生活していました。北京原人は、およそ50万年前に誕生したといわれていますが、日本では、60万年前には、日本原人ともいうべき原人が生活していたことが分かりました。骨が見つかっていないので、どのような姿だったのかはわかりません。日本は多くが酸性土壌のため、骨が残りにくいのです。

それでも、60万年前の地層から前期旧石器が見つかったので、少なくともその当時、原人がいたことが明らかになりました。

日玉の国にはそうした原人たちが暮らしていたと思われます。日玉の国は、天照主日大神様の発祥の霊地でした。

天照主日大神様は、スノカミさまの勅命をお受けになり、神霊界から三次元界に降臨されますと、天《あま》の岩戸が開かれ、世界を明るく照らし出しました。そして永く平和な世の中が続いていましたが、やがて、天照主日大神様が神霊界にお帰りになりますと、この世界は火が消えたように暗くなったのでした。天の岩戸については後ほど説明したします（図8参照）。

人々は、神霊界にお帰りになられました大神さまのご威徳をお慕い申し上げ、対象物としての太陽を拝むようになりました。これが今も世界に残ります「太陽信仰」の淵源です。その原人を元に、日玉の国で新たな人類が創られました。ホモ・サピエンスの誕生です。日玉の国が聖書でいうエデンの園でしょう。聖書では、大洪水の後、箱舟で難を逃れたノアの三人の息子セム、ハム、ヤペテから各民族が生まれたことになっています。セムが黄色人種、ハムが黒色人種、ヤペテが白色人種です。

しかし、遺伝学からすれば、一人の人物からこのような肌の色の違う人が生まれる可能性はなく、たとえ生まれたとしても、混血すれば肌は中間色となり、親の肌色を保つことはできません。それは、わたしたちの周りを見渡せばわかることです。

ですから、遺伝子操作で多くの五色人たちが創られ、しかるべく地域に派遣されたと考える方が理屈に合います。

五色人が人類の祖

五色人とは、黄人《おうびと》、黄人《きびと》、黒人《くろびと》、赤人《あかびと》、青人《あおびと》、白人《しろびと》をいい、黄色人は、「おうびと」と「きびと」の二つのグループに分かれます。「おうびと」は、世界を指導する役目を負わされました。

肌の色は、メラニン色素の量の違いによります。メラニン色素には、紫外線から肌を守るはたらきがあり、そこで、日光の強烈な赤道直下やそれに近い地方には黒人が、北欧などの日差しが弱い地域には、青人や白人が派遣されたのです。なお、赤人と青人は現在混血して、区別がほとんどつかない状態になっています。

宮中の即位式に用いられる陛下の錦の御旗《にしきのみはた》には、五色の魚が描かれ、三十二の波が織り出されています。この三十二という波の数は、竹内文献でいう国万造主大神《くによろずつくりぬしおおかみ》様の「三十二相のお働き」に相当しています。これは「万象を創られた神は波に乗って海を越え、世界に渡り、五色の魚としてそれぞれの文明を起こした」ということからきていると考えられます。そのために、五匹の魚が描かれ、この五匹が五色人に相当するのです。

即位式では、太古の五色人の王が着座したときの様が再現されます。真ん中に黄色を据え、それを囲むように、赤、白、青、黒の四色が配置されます。

なお、熊本県の幣立神宮には、この五色人のお面（五色神面）が残されているということです。そして、そのお面は五大陸の樹木で作られているという話もあります。さらに、毎年八月二十三日には、五色神祭が執り行われます。このお祭りは、五色人の代表の神々さまが集って、地球の安泰と人類の幸福と弥栄、世界平和を祈る儀式なのです。

さて、この人類創生の時代は、ムー大陸とアトラティス大陸が存在していました。ムー大陸には、黄人がおもに派遣されたと考えられます。この時代は、神政時代といい、人類が、神の指導のもと、少しずつ人として成長した時期です。竹内文献で上古代と記されています。その前の時代が、神代七代の時代で、宇宙創成が行われた気の遠くなるような長い時間が続いた時代でした。

神政時代のはじめは、神のみ意《こころ》のままに動く、「神人合一期」でした。神と人とが一つの時代というと聞こえはいいのですが、親（神）の言うままに従う幼児期だったのです。

人は、心も魂も成長させて大人（神）にならなければなりません。一人前の大人になるためには、人として独立していく必要があります。それには反抗期も必要でしょう。神は少しずつ人への関与をなくしていきます。

そのために、神は直接言葉を伝えるのをやめ、文字による伝達に切り替えます。それが神代文字のはじまりでした。

つまり、火の神（カ）と水の神（ミ）が十字に組まれた「カミ」の天意《あい》（神のみこころ）が言霊によって伝えられる方式から型霊《かただま》（神代文字）によって示されることになったのです。図6をもう一度ご覧ください。

もちろん、文字そのものは神代七代のときにすでにあり、細かくいえば、その文字を神代文字といいます。そして、神政時代になって人類に下された最初の文字を太古文字といい、その後、鵜草《うがや》朝になって下された文字を古代文字と呼びます。文字の区分を表9にまとめました。ご参照ください。

■神代文字とは

天津神第一代から第七代の大神に至るまでの間に作られた文字です。

■太古文字とは

人祖第一代天皇から同二十二代天皇に至るまでの間に作られた文字です。

■古代文字とは

ウガヤ朝第一代天皇から同七十三代天皇に至るまでの間に作られた文字です。

■幽界文字とは

文字とは人間が意志を通ずる一種の符牒であり、それを語音として発しうる記号なのです。わが国の古代和字はこれに属するところの、いわゆる表音文字であるから黙読または音声に発して、当然人間同士間で意志の疎通をはかり得るものでなければなりません。これに対し、秘符とか、幽界文字とか言われるものは、必ずしも人間同士間の意志疎通をはかることに重きをおかず、それどころか、かえって一般人間同士間に意味の通ずることを嫌う傾向すらあります。これすなわち秘符・呪文・神符、あるいは幽界文字といわれる所以であります。

表9　神代文字の区分

古代の文字は、神代文字としてひとくくりにされているが、詳しく見れば作られた時代によって呼び方が異なっている。秘符・呪文・神符などに使われ、人間同士間に意味が通じることを嫌う幽界文字もある。

神政時代、最初に国を治めたスメラミコトを、竹内文献では「上古第一代　天日豊本葦《あめひのもとあし》牙氣皇主天皇《かびきみぬしすめらみこと》と記し、その文字はクサモジといわれるものでした。

クサモジは、アヒル文字の草書体です。アヒル文字は神代時代からの文字で、アサ（朝）の「ア」、ヒル（昼）の「ヒ」、ヨル（夜）の「ル」をとってアヒルとしたといわれています。神代七代には、アヒル文字のほかにアヒルクサホ文字、像形仮名文字《ぞうかたかなもじ》があります。

天地創造主の天意《あい》は、天照主大日大神に伝えられ、さらに天日豊本葦牙氣皇主天皇から、神官および宮司に下され、徐々に人々の間にも広まっていきました。

ところで、この時代のスメラミコトは、いまの天皇とは違います。竹内文献では、スメラミコトを天皇と記していますが、これはあくまで当て字なのです。いつの時代かはわかりませんが、天皇の字を当てるようになりました。

スメラミコトは、人類を統治するというより、教化する主導者でした。当然、地球人ではありません。神政時代は肉体をもった人類に神がいろいろと教えていく時代です。政《まつり》ごと、すなわち祭政一致の大本がここにありました。いまの政治とは全く異なるものです。スメラミコトは、日本だけの天皇ではありません。世界五色人のスメラミコトなのです。

十六皇子の派遣

上古第二代は、造化氣万男天皇《つくりぬしきよろずおすめらみこと》がおつきになりました（『竹内文献』による）。この時代、世界に散らばった五色人を統一指導するみ役として、スメラミコトの皇子《おうじ》様を全世界に派遣されました。合わせて十六皇子（十五人の皇子と一人皇女）、十六人をお遣わしになったことで、十六方位が定められ、いまの方位となったのです。

さらに、日本を中心円として十六放射を描き、十六綺形紋章を作られました。これを当時の天皇の紋章と定めたのです。そして、その後の不合《ふきあえず》朝第一代武鵜草不合天皇《たけうがやふきあわせず》の御代に、天皇ご自身が、この十六綺形紋章をもとに十六菊花紋章を考案され、天皇の紋章として定められました。それがいまに伝わっているのです。

十六菊花紋は、十六の菊の花びらのように見えるところからその名がついていますが、本当は花弁を表したものではありません。中心の〇は、霊《ひ》の元つ国（日本）を示し、この国から文明、言霊、文字が発祥し、周辺の諸外国に出て、また元に戻ってくることを象徴したものと考えられるのです。

つまり、元は一つのところから発し、最後はそこに帰結することを紋章という形をとりながら、「型」として示されたのだと思われます。

十六皇子はまた、このとき、神代文字で上代の神名を彫りつけて、それを携えて行かれました。それにより、各国に文字が伝播していくことになりました。

また、このとき豊国《とよくに》文字が作られ、日の丸の国旗も創作されています。

漢字は、学問上では中国で、七千年前にはあったとされる甲骨文字から作られたことになっています。ところが、中国の山海関で発掘された、当時世界最古の文献ともいわれた「契丹古伝《きったんこでん》」という古い書物（およそ二千年ぐらい前のもの）には、「殷、もとこれ倭国」と明記されているのです。

また、「契丹古伝」には、漢字の由来も記されており、それによると、漢字以前の文字を天字《てんじ》といい、天字の前が卜字《ぼくじ》と、あります。卜字とは殷字のことで、これは象形文字です。殷で生まれたから殷字。その殷は、もと倭国とありますから、殷字のもとは日本にあったと考えるのが自然でしょう。

また、アルファベットは、学問上では、起源不明とされていますが、上古代十二代宇麻《うま》志訶備《しあしかび》天皇の書かれたウマシ文字がアルファベットの原始型となっています。ほかの文字も同様で、文字のもとはすべて神代文字がその原型なのです。

たとえば、南米のボリビア山中で発掘された遺物には、男神像と女神像と思われる像が彫られてあり、その像の台座に文字プレートも彫刻されています。文字プレートに彫られた文字は、漢字に似ていたので、ボリビア政府は、中国へ行って文字の意味を解読してもらうことにしました。しかし、中国の考古学者ではわかりませんでした（ボリビア文字は図9に示してあります）。

そこで、今度は日本の外務省に持ち込まれました。ところが、外務省でもわからず、結局、古代史研究家が超古代のある天皇《すめらみこと》のお書きになられた神代文字と照合してみたら、はっきりと読むことができたのです。そこには、「アイウエオ　カキクケコ　サシスセソタ」と書かれていました。これにどういう意味があるのかと思われた方は、前の項を思い出してください。ア、イ、ウ、……のそれぞれは、神様のお名前でした。つまり、十六柱のご神名が彫られていたのです。これは十六羅漢の神名でもあるのです。

中国の岐山県で、唐の時代の十六羅漢の彫刻が発見されています。その羅漢がもっている経文の文字も中国人ではわかりませんでした。しかし、これも日本の神代文字と照らし合わせてみると、「アイウエオ　カキクケコ」と書いてあることがわかりました。

このように、世界各地で神代文字が発見されています。

ちなみに、いまの日本の文字は、上古代中期に、次の五柱の神様によって作られています。

興台産霊神《こごとむすびのかみ》
八心思兼神《やごころおもいかねのかみ》
一言主神《ひとことぬしのかみ》
八重事代主神《やえことしろぬしのかみ》
太祝詞命《ふとのりとのみこと》

なお、言霊はアオウエイ・イロハ・ヒフミで完結しました。その他の言葉は、言の葉になります。

天の岩戸閉め

さて、人類は順調に成長をとげていきました。しかし、物質面での成長は遅れており、人類にとっては、この面での発展も必要でした。

そこで、創造主は一計を案じました。神界での政権交代です。これまで霊《ひ》の成長を重視して火の神の系統、すなわち日の神が表に立って指揮をとられてきましたが、物質を司るのは、水の神の系統の月の神です。月は、淡い光で地球を照らすので、物質面での発展が期待できます。ただし、精神は緩み、物欲にとらわれる恐れもありました（図8参照）。

人類も月の神様への政権交代は大歓迎でした。日の神様の指導は厳しく、閉口していたのです。すでに精神的に荒廃しているところもありました。ですから、人類が堕落していくのは目に見えていました。

もちろん創造主は、それも承知しておられました。実は、ここにいたるまでに、人類は幾度もそれで失敗しているのです。そのたびに天変地異が起こっているのです。

物欲に負けるのは目をつぶろう。物質の発展が成り、ときが至ればまたもとに戻せばよい。もう一度、日の神が陣頭指揮に立てばよい。そう考えられたのです。欲がまったくなければ、個の成長は望めないからでした。善ばかりの世界では、善の本当の意味がわからず、悪あってこそ善を体得することができるのです。

人の成長に反抗期が必要なように、一人前の大人（神）になるには、悪もまた乗り超えなければならない課題でした。神さまの世界（次元）には、善も悪もありません。

そして、月の神に政権が移されることになりました。太陽神から月の神へのバトンタッチです。大地も造り替えられました。ムー大陸とアトランティス大陸が沈み、すべてを白紙に戻して、月の神のもと、新しい文明づくりがはじまりました。

当時、神霊界では、正神であり、日の神の系統の国万造主神様《くによろずつくりぬしのかみさま》が政権をご担当されていました。三次元界では、このご神魂が第四次元界に変化《へんげ》されてご出現された国常立大神様《くにとこたちのおほかみさま》が降臨され、人々を指導されていたのです。

国万造主神様が表舞台からご引退されるのに伴い、国常常立大神様もご引退となりました。後を引き継いだ、月の神の系統である副神の天若彦《あまわかひこ》の神は、そのとき、こともあろうか、煎り豆を投げ付け、「煎り豆に花咲くまで岩戸から出て来ぬように」と呪術をかけたのです。煎り豆に花咲く時はありません。永遠に出てくるなということです。

この名残りが、今日節分の日の「豆まきの行事」として残されているのです。また、ご引退なさいました国常常立大神様が遺された龍体を切り刻みましたのが、今日の「柊《ひいらぎ》とお雑煮の風習」として残されています。

呪術をかけたことは、天津罪となり、このとき、火（霊）の神の世界との境界が閉じられることになりました。人々は物質の世界（水の神の世界）に閉じこもったのです。これが「岩戸閉め」です。

閉じられた宇宙空間は、構造がすっかり変化しました。物質界だけの世界になったのですから当然です。それが新しい五十音図による宇宙空間の創造です。

月の神による、波動の世界を五十音図で表すと「アイウエオ」になります。目に見える現実世界は「アイウエオ」となりました。水の神は、「アオウエイ」の世界をベースに「アイウエオ」の世界を顕現することになったのです。

一方、火の神は、「アオウエイ」を土台に「アエイオウ」を秘めることになりました。この世界は岩戸閉めされたため、隠された世界となり、私たちには認識できませんが、現実世界と合わせ鏡のように存在することになりました。

かつて、物理学では、光は粒子か波かという論争がありました。粒子の性質と波の特徴の両方をもっているからです。結局、両方の性質をもつ電磁波ということで落ち着きました。つまり光は、粒子であり波動なのです。そして、波動の性質が表に現れています。この三次元世界では、七色の波動（虹に象徴される）として顕現していると考えていいでしょう。波動はエネルギーで水の世界を示し、火の世界のエネルギーは粒子として秘められているのです。

音や文字として言葉（水の神の世界）も、目に見えない火の神の世界のエネルギーを秘めることになり、それを言霊と呼んでいます。言葉は、言霊を秘めているので、物を創造する力があるのです。

言霊を創られた火の神のご神名は、第六次元界に坐《ま》します、天日言文造主大神《あめひことふみつくりぬしおおかみ》と申し上げます。

ですから私たちは、火（霊）の神の世界があることを知りません。いわゆる常識人といわれる人たちは、この世界は物質だけでなりたっていると、いまだに信じているのです。

古事記は、イザナギ、イザナミのミコト様の夫婦喧嘩としてこのことを記述しています。神霊界の出来事が現界に投影されて同じようなことが起こったからです。

地の高天原にも「悪」が持ち込まれました。それを演じたのが、スサノオさまで、スサノオさまは、それがもとで高天原を追放されます。このことは、文明の復興が、外国《とつくに》より起こることとの型となりました。

スサノオさまが乱暴したことにより天照大神《あまてらすおおみかみ》が岩戸にお隠れになったこともももちろん「岩戸閉め」のことです。「岩戸閉め」は都合五度行われたのです。天照大神はふたたびお出ましになりましたが、復活された天照大神は、お役は日の神であっても、実際は月の神様のご系統の神でした。月の神様へ政権交代があったのですから、それは当然です。

火（霊）の神の世界との境界が閉じられたので、亡くなった（肉体を脱いだ）人の魂の戻る場所がなくなりました。そこで幽界《ゆうかい》が創られました。幽界には、天国も地獄もあり、魂のレベルに応じて、すきなところへ行くことになります。

シュメール文明からの再出発

ムー、アトランティス大陸が沈み、大地が移動して、日本列島もいまの形になります。スサノオさまの系統の一族は、ペルシャに渡ります。古代、ペルシャの首都は「スサ」と呼ばれていました。スサノオさまの系統の一族はスメル族ですから、この一族が中心となって復活させた文明は、スメラが転訛してシュメールといわれたのでしょう。

そして、その文明は東へと伝えられ、中国、朝鮮半島から日本へ入ります。つまり、古代の日本の文明が逆輸入される形で日本へ伝えられたのでした。

日本は、縄文時代から弥生時代に入ります。縄文時代は、ムーから移住してきた人たちが築き上げたものですが、弥生時代は、おもに渡来人によって築かれたものでした。縄文時代が急ぎ足で弥生時代に移り変わったように教科書は記述されています。しかし、長い時代にわたって二つの文明は併存していました。

記紀に述べられている熊襲や隼人、蝦夷などの人たちは、縄文人といってもよいかと思われます。

その原日本人というべき、縄文時代の末裔は、渡来人と同化した日本人によって征服されていきます。平安時代には、坂上田村麻呂が征夷大将軍となって蝦夷を攻め、その争いは、鎌倉時代まで続きました。

しかし、いつしか両者は融合し、今の時代になっています。縄文と弥生、源氏と平氏、南朝と北朝、対立する両者が争い、やがて一つとなることが歴史上、幾度か繰り返され、それが、霊主文明期に善悪が融合する型となりました。

こうして、日本も月の神さまの指導のもの、徐々に発展を遂げていきました。ただし、岩戸閉めにより、目に見えない世界は少しずつ忘れ去られ、その分、物質文明が開花したのです。

第四章　次元転換へ向かっての人の生き方

私たちは、これまでまったく経験したことのない世界へと向かっています。そのため、これまでの常識や考え方は通用しません。宇宙そのものが変化するという視点から、人の生き方を考えてみましょう。

天意の転換

やがて月の世が満ち、再び、日の神様がこの現界を統括されることになりました。これからは徐々にこの世の仕組みがかわっていくでしょう。天意の転換がなされたのです。もう一度、図10と表8をご覧ください。天意の転換について解説しています。

天意とは、神様のみ意《こころ》のことで、それが転換された、つまり、変化したということです。月の神様の御心（エネルギー）で運営されていた宇宙が日の神様の御心（エネルギー）に転換されたと解釈してもいいでしょう。

スノカミ様は、一九六二年（昭和三十七年）、「天意の大転換」のご神勅を発せられたのです。

最近、次元上昇とか、アセンションとかがいわれています。この次元転換は、天意の転換に伴って起こる現象で、アセンションとは、閉められていた岩戸が開いた結果、3次元空間が5次元空間となり、4次元空間は消滅することをいっているのでしょう。

確かに、今後、そのようなことが起こります。というより、それはもう少しずつ始まっており、人々の意識は上昇に向かっています。異常気象を含め、現在起こっている様々な混乱は、それが理由なのです。

このことは、月の神様の統治に変わったときから決められていたことで、いよいよ私たちは、人から神人になることが求められています。私たちは、この日を迎えるために、これまでの人生を過ごしてきたといってもいいのです。神代文字を修練する最終的な目的もここにあります。

人は霊魂の存在

では、神人になるにはどうしたらいいのでしょうか。神代文字の修練は、それを手助けしてくれますが、それだけでは時間がかかります。まず、大事なのは、人は霊魂の存在が主で、肉体は従だという認識です。この基本的なことさえ、多くの人たちが解っていません。今の未熟な科学を「信仰して」しまっているからです。

前章で述べたように、科学はようやく5次元の存在を、あるかもしれないと認めたところです。霊魂があるとは証明できませんし、むしろ存在を否定しているのが現状です。しかし、霊魂の存在を認めるだけで、人の考え方も社会も大きく変わります。

たとえば、今、お金のためになら何でもありという風潮があります。なかには、そのために人殺しを行う人だっています。それは、「人は死んだら何もない、生きているうちに人生を楽しめたらよい」という考えが根底にあるからではないでしょうか。

けれども、今生の生きざまによって魂のレベルが決まり、それによって死後の世界も変わってくると知ったらどうでしょうか。しかも死んだあとの人生の方がずっとずっと長いのです。

さらにいえば、この魂の輪廻転生はもうじき終わり、5次元の世界に移行するのか、3次元世界にとどまるのかの、あるいはもう魂としての役目を終えるのかの、最終判断にさしかかっているときなのです。

お金などに執着しているときではありません。

子どもたちは胎内のことを記憶している

霊魂が本当に存在するのか、証明はできませんが、子どもたちの声は参考になるでしょう。横浜で池川クリニックを経営される院長で産婦人科医の池川明先生は、子どもたちに胎児だったときや出産時、あるいはお腹に宿る前の記憶があることを知り、もう十年以上にわたたって聞き取り調査を行ってきました。

その結果を多くの書籍（『ママ、生まれる前から大好きだよ！』学習研究社、『ママを守るために生まれてきたよ！』学研パブリッシング、他）にまとめていらっしゃいます。そこから子どもたちのお話をご紹介させていただきます。とても興味深い内容ですので、長くなりますが、そのまま転載させていただきました。

池川先生によりますと、2～3歳前後の子どもたちの場合、およそ、30～50パーセントの割合で、胎内記憶を持つそうです。

ここでいう胎内記憶とは、お腹に宿ってから誕生直前までの記憶（胎内記憶）、陣痛がはじまってから誕生直後までの記憶（誕生記憶）、お腹に宿る前にいた世界の記憶（中間生記憶）、受精時の記憶（受精記憶）、精子だったころの記憶（精子記憶）、卵子だったころの記憶（卵子記憶）、過去に別の人物として生きていた記憶（前世記憶）などをいい、上の子がお腹の赤ちゃんと対話をしたり、性別を当てたり、お母さんよりも早く妊娠に気づくこともあります。

池川先生は、メールでいただいたお話として、次のようなお話を紹介しています。これは保育士の方が聞かれた、4～5歳児の子ども同士の会話です（池川先生にメールをしたのは保育士の友人）。

A「ねえ、おなかにいたとき、どうだった？」

B「すっごく、あたたかいんだよね」

C「ええ？　ぼくは少し冷たかったなぁ」
D「ぼくは、早く出たくてしようがなかった」
E「パパとママがケンカしたら、キックするの。そうすると、ケンカしなくなるんだよ」
B「そうそう、私もやってた！」
F「ぼくは、覚えていないなぁ」
G「ぼくは最悪だったよ！　うんちと一緒に外に出たの。うんちまみれでいやだったから、目をつぶっていたの。きれいに洗ってもらってから、目を開けたんだ。まぶしかったよ」

話を聞いていたその保育士さんは、後日、Gくんのお母さんにその話をすると、
「そうなんです！お産の前に、どうしてもうんちが出なくて、赤ちゃんと一緒に出てしまったんです」
と、お母さんはGくんのお話の正しさを証言してくれたのです。
こうした胎内記憶のなかで、最も多かったのが、胎内での記憶です。
「クルクルまわってた！」（2歳、女の子）
「おなかの中は暗かった。ママの声が聞こえた！」（2歳、男の子）
「体育座りみたいにしていて、足の

間に頭を入れていた。丸まっているとぶつかって、手や足を広げるとぶつかって、せまかった」（年齢不詳、男の子）

「重かった！　せまかった！」（2歳半、女の子。双子の兄妹で、お腹の中ではお兄ちゃんがその子の上に覆いかぶさってました）

「ゴーゴーって、いつもうるさかった。いつもだれかとお話ししていた」（2歳、男の子。お母さんは出産直前まで美容師として働いていました）

そのほかたくさんのお話があり、それらは内容がおおむね一致し、医学的にもおかしなところはないということです。

もちろん、赤ちゃんは外のことはとてもよくわかっています。池川先生に寄せられたお話のなかにこんな話があります。

娘がまだ小さかったころ、義父に対してはそうでもないのに、義母に抱っこされると体をかたくして、あまり笑顔を見せないことに気づき、私の妹にその話をしました。すると妹が、娘に理由を聞いてくれました。

「まあちゃん、おばあちゃんのこと、怖いの？」

「お参りに行って、電車に乗るとき、おばあちゃんがお母さんに『電車が来るから、急ぎなさい』って言ってた。あのとき、お母さんが階段を急いで下りていたら、まあちゃんはいなかった。だから、おばあちゃんは怖いの」

ふたりでこんな会話をしたあと、妹が、「まあちゃんがこんなことを言っているけど、思いあたることある？」と、私に聞きました。

まさにドンピシャ！　だれにも言ってなかったことなので、びっくりしました。

たしかに妊娠中、お宮で安産祈願をしたあと、駅の階段を下りていたときにちょうど電車が来て、娘が妹に語ったとおりの言葉で、義母にせかされたことがあったのです。私があわてて走ろうとすると、一緒にいた義父が「危ないから、ゆっくり来なさい。電車は次もすぐ来るから」と声をかけてくれました。それで私は安心して、走るのをやめました。

赤ちゃんは、ここまで、よくわかっているのですから、お母さんとの交流もできます。池川先生に送られてきたメールからです。

ゆうくんのお母さんは、ゆうくんがおなかの中にいるときに、こんなことをお願いしたそうです。

①出生日を教えてほしい。
②できれば、夢の中で性別を教えてほしい。
③できれば、パパがお休みの日に生まれてほしい。
④できれば、二九五〇グラムくらいで生まれてほしい。
⑤助産院の先生の手がすいているときに生まれてほしい。

結果は次のとおりでした。

①八月の終わりごろ九月二十五日に生まれるという夢を見て、実際にその日に生まれた（出産予定日は十月七日だった）。
②四月に、かわいい男の子の夢を見た。
③土曜日に陣痛がはじまり、日曜日に出産。パパは両日ともつきそうことができた。
④二九四六グラムで生まれた。
⑤ゆうくんが生まれる前日は満室だったのに、当日の朝に全員が退院。ゆとりのある環境でお産をした翌日には、また満室になった。

お母さんは、「うーん、できすぎですよね。でも本当です」とメールに書いていたそうです。

子どもたちの胎内記憶の確かさはお分かりいただけたでしょうか。次は、精子だったときの記憶です。

「みう（7歳、女の子）がね、種だったときにねー」

といい出したのです（みうちゃんのお母さん／以下みうちゃんとお母さんの会話）。

「種って？」

「子どもの種だよ」

「みう、精子だったの？　精子だよ」

「そうだよ。みう、いちばん大きくて光ってて、元気だったの。ぬるぬるして気持ちわるかった。ある日、ぬるぬるしていないなーと思って（まわりを）見たら、パパがおしっこをするところの入り口の近くにいたの。あの入り口って、口みたいにパカッて開いているでしょ。その近くでのんびりしていたら、水と一緒にすごい勢いで流れだして、気がついたらママのここにいたの」

と言って、みうは私の下腹部を押えました。

「うわっ、ここはどこ？と思って上を見たら、おっぱいがあった。みう、種だったのに、卵になったちゃったの！」

「おなかのなかはどうだった？」

「肌色で電気がついているみたいに、少しだけ明るかった」

「みんな最初は種なの？」

「ううん。卵もいるよ！　種も卵も全部、卵になるの」

こんなことをいっていました。どうしていろいろ知っているのでしょう。何も教えていないですよ。じつは、知人のお子さまも（8歳の女の子）も池川先生のご本を読んだ後、「ゆうきもママに一等賞だったんだよ！」といったそうです。

また、こんなお話もあります。7歳の男の子のお話です。

「生まれる前は、目に見えない玉みたいな形で、星のない宇宙のようなところを、ぴょんぴょんはねて遊んでいた。うれしくも悲しくもない気持ち。

そこから、いつのまにかイトミミズみたいのになって、それはものすごくたくさんいて、肩とかにバシバシあたる。ぼくは、数えきれないほどいっぱいあるうちのひとつ。レースしているみたいに、泳いで走っている。それで、ぼくが一位になったみたいな感じ。そうしたら、この卵になった。ほかのイトミミズはどこに行っちゃったのか、ぼくは知らない。

そして、ある日とつぜん、体がどんどんふえ始めた。一日一日すごい勢いでふえていく。ぼくはそのままでよかったのに、おなかが分かれてきた。

最初はめだかのような、ぶたの赤ちゃんが丸まったみたいで、まぶたがやたら分厚い。そのうち、まぶたがちょっとずつ大きくなるときに、まぶたの皮が薄くなってくる。最初はまっ暗だけれど、その後ちょっとずつ、目は開かなくても光のようなものが見えてくる。はじめは手とかはほとんどなくて、手首はあっても、指とかはっきりしない感じ。手や足が出てくるときは、毎日ちょっとずつ生えてくる。

指ができたら、よく手や足をこすって遊んだり、くるくる宙返りして遊んだ。髪の毛がちょっと生えてきたときは、指とか爪はもう完全に生えていた。

イトミミズや黒いつぶつぶのときはないけれど、ぶたの赤ちゃんのときから、ホースができてくる。

おなかの中は赤紫のつぼのようなところで、ザーザーと何かが流れる音とドクドクと音がしている。中はぶよぶよで、なまぬるい水が入ってる。ぼくは丸まっていて、ママのおなかとおへそから出ている線でつながっている」

まるで、胎児が大きくなる様子を実況中継しているようですが、医学的にも間違いないそうです。

しかし、精子や卵子でいるときの記憶を話す子どもはまれで、赤ちゃんがお母さんのおなかに入るときの様子は、次のようなお話が多いそうです。

「ママのおなかに入るとき、本当はほかのお母さんを選ぼうと思ってだけど、その人が怖い顔して怒っているのを見たからやめて、優しそうなママに決めたんだよ！　それで、透明な青い光になって、ママのおなかにピューって入ったの」（4歳、男の子）

これは、息子さんがお母さんに話したことでした。次は別の親子ですが、同じくお母さんと男の子との会話です。

「どこで、ママを見つけてくれたの？」

「雲の上にいたときに、ママを探して見つけたんだよ！」

「雲って何？　どこにあるの？」

「雲の上には、数えきれないくらい赤ちゃんがいっぱいいて、天使みたいに羽がついているの。それで、リーダーみたいな天使がいて、その人は赤ちゃんにならない人なんだけど、その天使がお母さんを選んでいいとか教えてくれるの」

「赤ちゃんは、言葉とかしゃべれないし、歩いたりできないんじゃないの？　リーダーは日本語をしゃべるの？」

「言葉はしゃべらなくてもわかるんだよ。あと、目もちゃんと見えるよ。でも、日本人に生まれる子とかがグループになってて、ほかの国の子は違うグループにいるの。羽がある子は飛んだり、歩いたりしてるよ。もうすぐ赤ちゃんになる子は羽があるの。

羽がない子もいたよ。男の子と女の子がいて、たぶん男の子は羽がちょっと大きくて、女の子は羽が小さいの。

お母さんを探すときは、まず一列に並んで待つの。これがめっちゃ待つんだけど、順番がくるまで待つの。順番がきたら、階段を上ってドアを開けて、途中まで下りて、またドアを開けて、そこでお母さんを探すの。

ママが見つかった子は、リーダーみたいな天使に『決まりました』って言うと『いいですよ』って言われる。そうしたら、青い透明な光になってママのおなかに入るの」

「並んで待つの？　何かをして遊んでて、順番になったら呼んでもらえるんじゃないの？　DSとかゲームで遊んだりした？」

「一列に並ぶの。DSなんてないよ！　でも本はあって、並ぶ前は読んでたよ。それとときどき雲を丸めておなかにのっけて、くるくるまわったりして遊んだよ」

「もし、リーダーに『あのママはだめ』とか言われたら、違うママにしたの？」

「ダメなんて言われないもん！　自分で決めるんだから。絶対にいいよって言われる」

「みんな透明な青い光になるの？」

「ぼくは青い羽だったから青い光。違う色の羽の子は、違う透明な光だよ。いろいろな色の羽の子がいた。それで、神さまみたいなめっちゃ大きな人がいて。大きすぎてよくわかんないくらい大きかった」

「並んでいるときに、順番を抜かす子はいた？」

「だって、並ばなきゃいけないから、抜かしちゃいけないんだよ！　あ、でも、横を走っていった子がいて、ケガして、下に落っこっていっちゃった。あの子は、どこへ行ったのかなあ。あと、羽をバタバタさせてたたいたりする子がいて、怖かった」

光になってお母さんのおなかの中に入るという話を二つ紹介しました。これらのお話からすると、人体にいつ魂が宿るのかは、いくつかのケースがあるようです。精子や卵子のときにすでに宿っている場合や母親の胎内である程度成長した頃などです。入り方も光になって自分から飛び込んだり、「神さまに抱っこされておなかに入った」というお話もありました。

子どもさんの証言に共通するのは、自分でお母さんを選ぶということです。これには例外がありません。たとえばこんな証言がありました。

「雲がいくつかあって、その家にはたくさんのかごがあるの。私がいたかごには、こよみ（妹）とふたりで入っていたの」

「何歳くらいの子どもだったの？」

「子ども（の姿）じゃなくて、少し透明みたいに見える白い卵なんだよ。だから外がよく見えるの。私ね、こよみとふたりで、ママとパパのことを何度も見にきたよ」

「どうやって見にきたの？」

「あのね、鳥さんに頼むの。そうすると鳥さんが、雲の下にいるママやパパのところに連れて行ってくれるから。ママの結婚式も見たし、デートしているところも見たよ」

「そんなにずっと前からママたちのことを知っていたのに、どうしてすぐに生まれてこなかったの？」

「だって、ママ（のため）にいちばんいいなって思うときを待っていたんだもん」

「じゃあ、ずいぶん待っていたんだね」

「ううん、違うよ。雲の上ではそんなに長くないんだよ。だから待てるの。ママとパパのいいときを」

あるいは次のようなケースも報告されています。

「生まれるずっと前のことも、覚えている。ゆかちゃん（妹）と一緒に、お母さんを見にきた。お母さんは中学生くらいで、寝ていた。その後は、ひとりで『この人いいかなあ』って、何回か見にきた。

それから、雲の上にいて、お母さんの行動をずっと見ていたの。それで、この人なら信用できるなって思ったんだけど、まだ子どもはできなかったから、見守ってあげることしかできなかった。

お母さんのおなかに入る前は、お母さんの後ろを飛んで見守っていた。お母さんがお父さんとつきあっていたときかな。話しかけたけれど、気づいてもらえなかった。

お父さんとつきあい始めてからは、この人に決めたって感じで、空から下りて、お母さんの後ろにいた。子どもができたら、おなかの中にすぐ入った。入る瞬間とかは、覚えていない」（かつやくん13歳）

同じく、かつやくんの妹のゆかちゃん（10歳）にも記憶がありました。

「生まれる前、お兄ちゃんと一緒に窓の外に浮かんで、『どうしようかな』って、お母さんを見ていたことがある。お母さんは高校生か中学生くらいで、ベッドで寝ていた。生まれるのを待っている間は、お兄ちゃんと遊んでいた。そのうち『もう行こうか』って、お兄ちゃんが先に行っちゃった」

実は、お母さんにも心当たりがあるのです。中学生のころ、夢を見たそうです。それは、「自宅の二階で寝ていると、眠っているはずなのに、家の庭に男の子と女の子が立って、部屋を見上げているのがわかったのです。男の子が10歳、女の子が6歳くらいでした」というものです。お母さんも「もしかしたら子どもたちは、本当に私に会いにきてくれたのかもしれません」とおっしゃったそうです。

赤ちゃんは目的を持って母親を選んでいる

けれども、このように何度も視察するのはむしろまれなケースで、「やさしそう」「かわいい」などの理由が多いと池川先生は報告されています。意外なのは、「寂しそう」「助けてあげたい」という理由がその次に多いことでした。

「空を飛んで世界中を探して、いちばんママがよかったの。さみしそうだったし、ぼくが来たらさみしくないかな、と思ったから。ぼくが生まれたら、ママは喜んでくれたよ。ほかにも、ひとりかふたり、『ママにしようかな』と思った人がいたよ。でも、その人にはもう子どもがいたので、れいやくん（弟）と相談して、やめたの。ママがお花見をしていたとき、羽のある小さな蜂になって、飛びこみながらみんなを見ていて、ママの口に入ったんだよ」（りゅうのすけくん6歳）

お母さんが妊娠したのは花見の時期だったので、この話を聞いて驚いたそうです。

女優さんになりたいなどと、はっきりと将来の目的をもってお母さんを選ぶケースもあるようです。

「女優さんになりたかったから、ママを選んだの。お空からたくさんの階段がいろんなお母さんにつながっていたけど、ママが一番きれいだったから、ママなら女優さんにしてくれると思ったの」（りなちゃん5歳）

このお話は、自分から芸能プロダクションのオーディションを受けに行ったときに、待ち時間の間のお母さんに打ち明けたものです。

なかには、病気で生まれることを選択した赤ちゃんもいます。池川先生がりおくんのお母さんから受け取られたメールです。

「小学校入学前に、ふと

『ねえ、りおはどうして病気で生まれたのかしらね』と聞いたところ、りおは

『ずっとずっと幸せになるため』

と即答しました。私がびっくりして、

『でも、それで赤ちゃんのとき、痛い治療をいっぱいしたよね。りおが泣いたときは、ママも泣いちゃったよ』

といったら、

『それは、赤ちゃんは言葉がしゃべれないでしょう？　ぼくが泣いたのは、大きくなりたい、お兄ちゃんになりたいっていう、神さまへのお祈りだったんだよ。そのお祈りがかなって、ぼくは大きくなれたんだ。だから、ママはぼくが泣いても、悲しむことはなかったんだよ』

これまで入退院をくり返し、大変な日々を乗り越えてきましたが、りおは明るく、感謝できる子に育ってくれました。赤ちゃんのころは『どうしてこんなにつらい目にあうのだろう』と嘆いていましたが、いまは、家族みんなが『ずっとずっと幸せになるため』だったのだと、実感しています」

りおくんは先天性の心臓疾患と呼吸器疾患をもって生まれてきたのでした。このように

病気で生まれることは自らが決めてくるようです。たかゆきくん（6歳）はこんなふうに話しました。

「子どもたちは雲の上で、ずっと列みたいに並んでいる。遊んではいないけれど、ふつうに歩いていたりする。病気の子で生まれるか、元気な子で生まれるかっていうのを、絶対に決めなくちゃ、生まれられないから。

元気で生まれるか病気で生まれるかを決めるのは、自分。自分でお母さんを決めて、元気な子で生まれるって決めたら元気な子に生まれるし、病気な子に生まれるってなったら、病気で生まれる。

神さまは、雲の上の、また上の教会にいて、元気に生まれるか生まれないかを子どもたちに聞いたり、生まれたあとの人（死んで雲の上に戻ってきた人）には、よいことをしたか悪いことをしたか聞いたりする。悪いことをしたら、そこでまた生まれてよいことをしなきゃいけないけど、よいことをした人はほめてもらって、ちょっとのあいだ、行きたいところに行かせてもらえる」

池川先生によれば、赤ちゃんによっては、奇形がエコーに映らないように、臨月まで上手に隠していることがあるそうです。病気であることを赤ちゃんが選択していたなら、それも頷けることでしょう。

病気だけでなく、虐待するお母さんを選ぶ赤ちゃんもいました。最近は、この虐待が社会問題になっていますが、問題の根底には、深い意味が隠されているようです。その子は「ゆがんだ家庭に和をもたらしたい」と思ったそうです。

死産で生まれてくる赤ちゃんも同じで、夫婦のきずなを強めることを目的とすることが多いようです。

一つだけはっきりしているのは、人は脳で考えるのではないということです。まだ脳が未発達の胎児、いや脳の痕跡すらない精子や卵子のときに自分という認識があるのです。人は本来の姿は、霊魂であり、魂が考えるのです。もちろん、これは人だけでなく、あらゆる生物に当てはまるといっていいでしょう。

公立はこだて未来大学システム情報科学部教授の中垣俊之氏らは、単細胞生物の粘菌に迷路やパズルを解く力があることを実証しました。この研究には、二〇〇八年度のイグ・ノーベル賞（人を笑わせ考えさせてくれる研究に送られる賞）が送られ、当時、世界中で話題になったものです。

粘菌とは、子実体が胞子を作って繁殖する菌類でありながら、普段は変形体と呼ばれるアメーバ状の体で移動し（一時間に数センチメートルほど）、微生物などを食べる、まるで動物のような生態も併せ持つ単細胞生物です。おもに森の朽ちた木などで見ることができます。

単細胞生物の粘菌には脳もなければ、感覚器官もありません。その粘菌（変形体）を迷路の入り口に置き、出口に餌場を作ると、粘菌は最短距離で餌場に移動することができます。つまり、迷路を解いたことになるのです。私たち人も、遊園地やヒマワリ畑の迷路で遊んだりしますが、迷ってしまうこともよくあります。行ったり来たり、ようやく出られたというのが普通で、最短距離で行くことはまれでしょう。ところが粘菌はほとんど迷わないのです。

粘菌にとっては極めて複雑であろう迷路を解ける理由は、今の生物学・科学ではわかりません。しかし、粘菌もまた霊魂が宿る生命体だと考えれば、不思議ではなくなります。まさに「一寸の虫にも五分の魂」です。

このように、人だけでなくあらゆる生命が霊主体従の存在であるといえるのです。

そして、健康は善で病気は悪という、善悪二元論からそろそろ意識を転換しなければなりません。病気が悪なら、わざわざ病気で生まれてくる赤ちゃんはいないでしょう。まして死産を選択するはずもありません。

病気から学ぶことはたくさんあります。病気になって人の温かみを知ったり、家族のきずなが深まったりすることもあります。仕事で忙しい日々を送っていた人が、入院して自分のそれまでの生活を見つめなおし、全く違う世界があることに気づいたなんていうこともあります。病気も見方を変えれば「人生の教師」です。ですから、病気であることを選んで生まれてくる魂も存在するのです。

癌だからといって自暴自棄になるのか。そこから一生懸命何かを学ぼうとするのか。それによってその後の人生が大きく変わってくるでしょう。

5次元の世界には、善悪はありません。ただただ善であるという「至善」が存在するだけです。

もともと至善《しぜん》だけがあった

人類が誕生する前の地球も至善の世であり、地球はすべての生命が共存共栄する、調和した世界でした。

そこに不調和をもたらしたのは、他ならぬ人類です。不調和を悪というなら、まさに悪を作ったのは自分たち人間だったといえるでしょう。

人間が不調和を生んでしまう理由は、人の欲でした。我欲、身欲が自然のバランスを崩してしまったのです。いまでも、およそ68億人といわれる世界中の人々が十分暮らしていけるだけのものを地球は与えてくださっていますが、現実は、満足に食べることができない人が大勢います。

もっとも貧困の度合いが大きいのはアフリカです。とくに、人口7億8千万人が住むアフリカ南部では、半分以上の人が一日1ドル（約93円）未満で生活し、子ども六人のうち一人は、5歳までしか生きることができません。

というのも、一部の権力者、富裕層の人たちが、地球の富を独占しているからです。たとえば、南アフリカ共和国では、金やダイヤモンド、車や電化製品に欠かせない希少金属などの天然資源が豊富に産出されます。そのため、国内総生産（GDP）は、アフリカでは断トツのナンバー1で、世界でも29位となっています。

それでも、20％以上の人に仕事がなく、しかも強盗や殺人事件が多くて最も危険な国といわれています。

地下資源を独占している人がいるからこうなってしまうのでしょう。石油産油国のなかには、税金がなかったり、医療や教育が無料で受けられるなど、富を分配しているところもあります。しかし、アフリカでは多くの人が貧困にあえいでいるのです。

偶然というものは存在しない

しかし、すべてを人のせいにはできません。宇宙というのは、もともと平等にできていて、私たち人は、まったく平等の存在なのです。なにが平等かというと、私たちの今の行動が明日を決めているということです。つまり、この今の行動が不調和を生んでいれば、その不調和は自分に返ってくるということです。

反対に喜びを生むことができれば、その喜びは自分に戻ってくるのです。明日が喜びの一日になるのか、不幸な日になるのかは、今の自分が決めているということです。よく突然の不幸に見舞われてといいますが、突然の不幸というのはありません。不幸の種は自分がまいていたのです。

もちろん、それに気づかないこともありますし、前世の自分がまいた不幸の種もあるでしょう。ですから、突然のように感じられるのも無理のないことです。けれども宇宙はそのことについてはまったく平等で、自分で不幸の種をまかなかったら不幸が訪れることはないといえるのです。

不調和の第一歩はうそをつくこと

私たちの使う言葉には、言霊が宿りエネルギーをもっていると申しました。それがために、うそをつけば、そのうそがエネルギーをもつことになり、それによって不調和が生まれてしまうのです。

古事記に書かれているイザナギとイザナミの話を思い出してください。イザナギが亡くなられたイザナミに会いたくて黄泉の国へ出かけます。そこで、もう一度、現世に戻ってほしいと頼みます。イザナミは了承しますが、すでに黄泉の国の食べ物を食べてしまったので、簡単には戻れない。黄泉の国の神と相談するので待っていてほしい。その間、決して御殿の中をのぞいてはいけませんと、約束させます。

イザナギは了承しました。ところが、あまりにも時間がかかるので、待ち切れず中をのぞいてしまいます。それが原因となり、二人の神さまは大げんかとなり、ついには黄泉比《よもつひ》良坂《らさか》で岩戸（千引き岩）を閉じて黄泉の国と現界に通じる道を蓋してしまいます。

つまり、イザナギが約束を守れなかったことがこんなおおごとになってしまったのです。イザナギのミコトは決して嘘をつくつもりはなかったはずですが、約束を守れなかったということは、結果的に嘘をついたことになりました。

それが大きな不調和を生んでしまったのです。「うそつきは泥棒の始まり」とよくいいますが、言霊にはそれだけの力があり、それをたがえることは私たちが考えている以上に不調和を招く原因となっているのです。

自分のものは何一つ存在しない

我欲、身欲が生まれる理由の一つに、所有意識があります。これは自分のものだという思い込みです。「これはオレのものだ。誰にも渡さない」。テレビなどでもこんなセリフをよく耳にします。日本の法律では、所有権は立派な権利の一つとして認められています。けれども、これは人間界でのことのお話。神さまは、人の所有権をお認めになってはいません。土地も石油も木材も誰にも売った覚えはないとおっしゃるでしょう。

この世に、自分のものなど何一つありません。すべては神さまからの借り物です。この肉体も同じです。人が造りだすものは、全部加工品です。天然資源を材料に、形を変えたり、化学反応などを使って加工するだけです。無から有を造り出すことはできません。

この宇宙は神さまがお造りなったものですから、神さまからお借りしているだけです。それなのに、なんの挨拶もなく勝手に使ってと、神さまはお怒りになっていらっしゃるかもしれません。

肉体が自分のものでない証拠に、自分で肉体をコントロールすることはできません。手が3本あったら便利だろうと思っても、3本にすることはできないのです。あと数センチ背が高かったら、足が長かったら、と願う人も多いはず。もう少し美人だったらと思うかもしれません。しかし、いくら願っても結局は思うようにはなりません。

それでもいいこともあります。心臓は意識せずとも動き、食べたものはいつのまにか消化してくれて栄養素にしてくれます。生命を維持する代謝は、人の意思とは関係なくはたらき、生命を維持してくれています。

肉体をお借りしてこの世に生まれ出ることができたわけですから、まず、そのことに感謝しましょう。そして、借りたものは丁寧に使うのがルールです。健康に留意して大事に使ってください。

人は今という一瞬に生かされている

パラレルワールドでは、過去と未来が同時に存在するそうです。ちょうど、映画の一コマひとコマのように、フィルム自体は初めから存在していて、それを順番に映し出しているだけと考えられるそうです。

理屈は何となくわかるような気もしますが、どこにどう存在しているのか、今一つピンとこないところもあります。

大事なことは、私たち人は、今というこの一瞬に生かされているということです。過去や未来が重要なのではありません。この今という瞬間が大切なのです。今、楽しいか、喜びに満ちているのか、頑張って苦しいけど希望にあふれているのか、今という時間を大切にすべきなのです。

過去のことをくよくよと悔んだり、後悔したり、未来のことを心配して心ここにあらず、というような状態では、今に生かされているとはいえません。

この今という瞬間に喜びが生まれているなら、未来は何も心配することはありません。その喜びが宇宙に届き、宇宙は喜びとして返してくれるでしょう。しかし、回りに苦痛を与えているのなら、その苦しみは、やがて自分に戻ってくるでしょう。

偶然はないということです。

被害者という言葉は意味をなさない

自分に起こる出来事は、自分の意思と、自分が過去に行った結果であるといえます。なぜなら、偶然はなく、人は今という瞬間に生かされた存在だからです。もし、不幸が訪れても、天や神さまや宇宙に文句をいうことはできません。もともと宇宙は喜びしかない世界だったからです。

自分の不幸の種は自分しかまくことはできないのです。

神さまは喜びしか与えていないとおっしゃっています。もちろん、大きな喜びのために、今は辛くてもあえて苦労を受け入れるというケースもあるでしょう。病気であることを選択して生まれてくる赤ちゃんがいるように、です。何かの使命を感じてそれを達成するための試練という場合もあります。我に艱難辛苦を与えたまえと願う人もいるでしょう。

しかし、自分が決して望まない苦しみ、不幸も身に降りかかることはよくあります。近年は、地震や台風・大雨等の災害も数多くあります。交通事故もなくなってはいません。癌やインフルエンザなどの病気が突然襲いかかってくるときもあります。

こうした不慮の事故も含め、すべての不幸の根本原因は、自分が選択した場合を除いて、自分の過去の行いにあるのです。もちろん、それは前世での行いも含まれています。とくに前世での振る舞いについてはまったく自覚がありませんから、なんでこんな不幸が私に、と思われるかもしれません。

でも、このことを受け入れることはとても大切なことです。

人は不幸が起こると他人を責め、自分が悪くないと思えば賠償を求めます。政治が悪い、国が悪い、社長が悪い、上司が悪い、親が悪い、あいつが悪いと他人のせいにしたがります。それでいて、神社にお願いに行ったりもします。

これではいつまでたっても自立ができません。自分の人生は自分で責任を持つという気概が必要です。不幸を他人のせいにせず、運や神仏のせいにもせず、神さまや仏さまに自己の都合のよいお願いをしないということが、新しい世界では必要なことなのです。

5次元の世界は、今の私たちから見れば神の次元です。今度、その次元へ行くということは、私たちが神になるということです。それなのに、神さまに頼っているということはおかしなことでしょう。

赤ちゃんや小さな子どもが親に頼るのは分かります。しかし、大人になれば、親から自立しなければなりません。それと同じなのです。いつまでも親神さまに頼っていては、5次元世界に行くことはできません。自立するということはとても大事なことなのです。

パワースポットへ行って、「いい氣」を浴びる、そのこと自体は否定しませんが、家へ帰れば、イライラして家族に八つ当たりする。これではパワースポットへ行った意味がありません。

幸福が欲しければ、日々、回りに喜びを生んでいく。良き言霊を使い、身の回りを清潔にし、掃除を丁寧に行う。相手が望むことをしてあげる。そういうことのほうがパワースポットへ行くよりもよほど大事なことです。

厄年だといって、神社仏閣でお祓いをしてもらう人も多くみられますが、厄とは一体何でしょう。自らまいた不幸の種が結実したものです。自分の行動が誤っているという大事なお知らせかもしれません。厄が訪れたら、祓うことを考えるより、それまでの生活を顧みることが大切です。自分の人生を反省するために、厄年があると思ったほうがいいでしょう。

不幸を他人のせいにしない。神仏に頼らない。幸福は日々の行いからつかむ。新しい世界では、こうした「自立」した人が求められています。

第五章　神人合一への道

前章で、私たちはどう行動したらいいのかをまとめてみました。アセンションともいわれる新しい世界への移行。人はそれをどう迎えればいいのか。国としての在り方は？最後にそれをまとめてみました。

天意の転換による変革が進んでいる

今、世界、そして日本でも、地震が頻繁に起こり、異常気象が続いています。やがて大きな変革が訪れるでしょう。今は、過去のカルマの清算のときなのです。国家も国民も過去に冒した罪を償い、魂の浄化が進められています。

アセンションを待ち望む声もあります。5次元の世界に移行するというので、楽しみにしているのです。それはもちろん、素晴らしいことですが、3次元世界のカルマを5次元世界に持ち越すことはできません。ですから、どうしても、清算しておかなければならないのです。そのことを忘れている人が大勢いらっしゃいます。

今､地球は「ラルロの嵐」の時代に入りました。ラルロとは「ラリルレロの世」のことです。図9・表8にその説明があります。もう一度ご覧ください。

さて、私たちの住む現実界は、宇宙創造の神の言霊によって造られました。あいうえお五十音図は、あの神、いの神、うの神と…、それぞれのはたらきを担った神々さまによる宇宙マンダラでもあります。

また、「あいうえお」は、私たち人の一霊四魂《いちれいしこん》を表してもいます。一霊というのは、宇宙創造主の直霊《なおひ》のことで、四魂とは、奇魂《くしみたま》、荒魂《あらみたま》、和魂《にぎみたま》、幸魂《さちみたま/さきみたま》の四つをいいます。つまり、「あいうえお」は私たち人を表しています。だから、5という数字は人を意味します。

私たちの魂は、もともと創造主の魂の一部を宿しており、四魂を加えて、一つの魂として存在しているのです。

私たちの魂（一霊四魂）は、輪廻転生をくり返しながら成長を遂げ、立派に成長を成し遂げたあかつきには、5次元世界へ移行することになっています。ですから、これまでの輪廻転生はこれが最後ということになるでしょう。

地球が5次元・6次元世界に転換するわけですから、4次元世界といわれる幽界（亡くなった人が行く世）は、消滅することになります。幽界にいる魂も5次元へ移行するかどうかの選択をしなければなりません。

また、あいうえお五十音図は私たち魂の成長度を示しているともいえます。

「あいうえお」の魂は、あかさたなはまやと、それぞれの行を経験し成長したら、ラリルレロのラ行を通過して、「ワヰウヱヲ」へと進むことになるのです。「ワヰウヱヲ」の世界は「和の世界」です。地上天国の建立期でもあります。図11に人類文明の未来像への道を示しておきましたのでご覧ください。

あかさたなはまやまでは8行あります。この1～8までの世界は、たとえるなら、宇宙創造主の子宮の中にあたります。宇宙はそこ（子宮）に創造されたのです。何もかもが母体によって賄われていた世界です。

岩戸は、一八戸と書くことができます。実は、1～8までの世界が流産しないようにしっかりと閉めていたのが、岩戸です。岩戸は、子宮の入り口にありました。岩戸が閉められたのには意味があります。1～8までの世界は物質界ですから、物質界が成長するまで、岩戸が閉じられていたのです。

ですから、私たちは、それ以外の世界がわかりませんでした。たとえば、神さまも月の神さましか知らず、日の神（火の神）は隠されていたのです。もちろん、スノカミさまについてはお名前もわからず、記紀やその他の文献でも、スノカミという神さまは登場しま

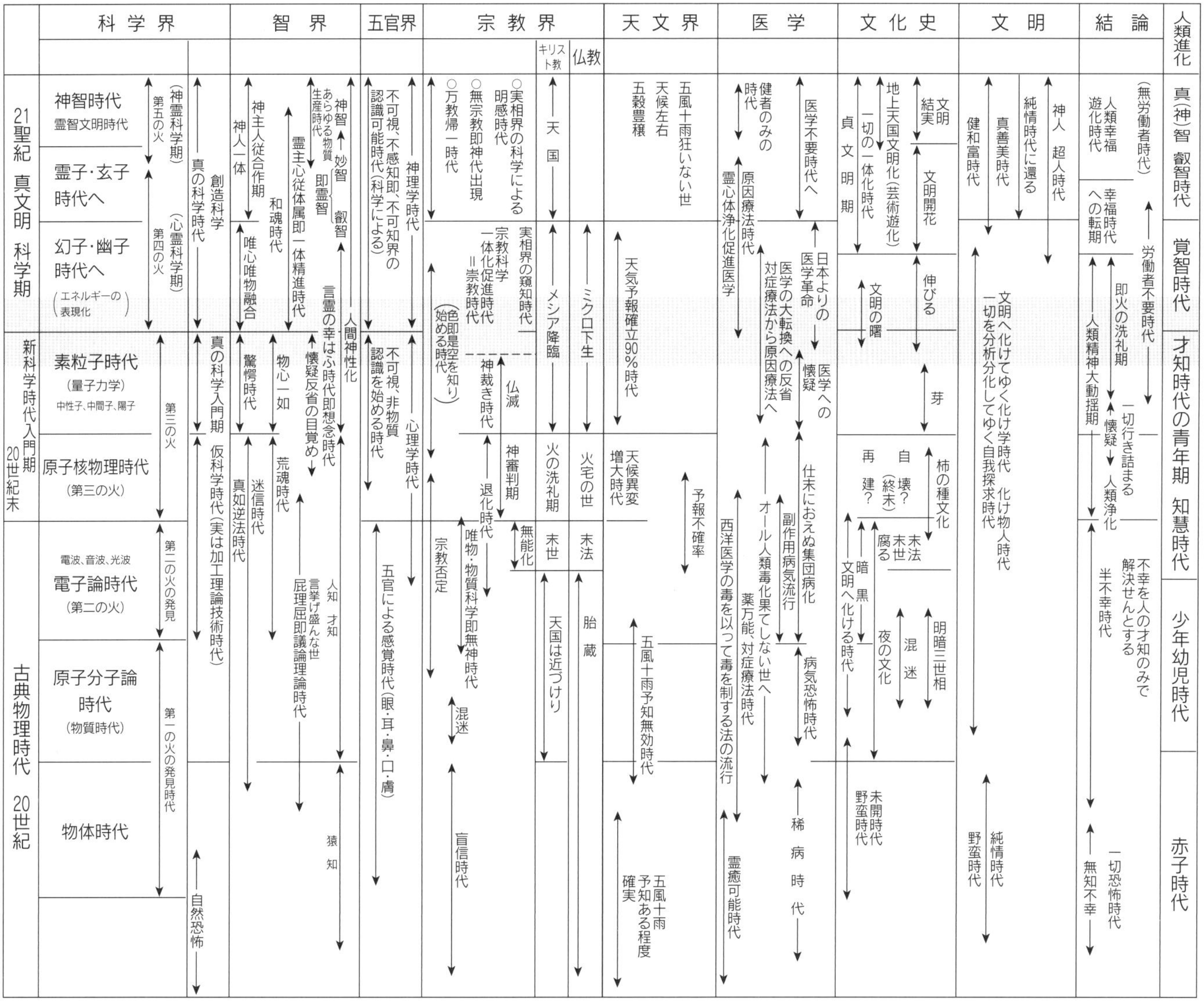

図 11　人類文明未来像への道

科学、宗教、天文学、医学などの文明・文化は、光の文明である真文明を目指して進んできた。しかし、今は、人類の我と慢心のために迷蒙の雲がかかった状態だ。この雲を払い真文明に向かうには、霊性を目覚めさせ、さらなる次元上昇が必要となる。

せん。

1~8までの世界ですから、8が最高の数字ということになります。たとえば、三種の神器は、八咫鏡《やたのかがみ》、八尺瓊勾玉《やさかにのまがたま》、草薙の剣で、草薙の剣は八束の剣ともいわれています。と、このように八がつけられており、大地の一番高い場所を山(八間)といいます。

ところが、九行目のラリルレロは、産道です。私たちは、おぎゃぁと生まれる時、この産道を通ってきましたが、大人のほとんどの人は、そのときのことを忘れています。でも想像してみてください。暗くて、狭くて、潜り抜けるのが大変でした。池川先生の調査でも、大変だったと証言した子どももいました。陣痛もあるでしょう。

今は、岩戸が開き、産道が開かれています。今こそ産道を抜ける時なのです。

そして、生まれてみると、別世界が待っていたはずです。胎児として子宮のなかにいたときは、酸素も栄養素も親からへその緒を通してもらっていました。ところが、オギャーと生まれてからは、自分で呼吸し、自分で食べ物を食べ消化するのです。これが自立でもあります。

ただし、それには、へその緒を切断するという赤ちゃんにとっては、大変な作業があります。それをアセンションといってもいいかもしれません。あるいは、この出産までの一連の過程をアセンションと呼ぶならば、ラルロの今の時期からアセンションが始まっていると考えてもいいでしょう。

ラリルレロの時期は、カルマの清算期です。どんな人でも多少なりとも清算すべき負のカルマがあるはずですから、混迷混乱の世となります。それで「ラルロの嵐」と呼ばれているのです。当然、国も国としてのカルマがあります。原爆を日本に投下したアメリカのカルマは大変に大きいといえるでしょう。

ラ行は、九行目ですから、苦(九)の世界ともいえます。十行目のわ(和)の世界は神の世界ともいえますから、十は数霊で、神を表します。人の霊魂の完成でもあります。

産道は、頭を下にして進みます。上を向いていたら逆子です。手が引っかかってうまく出られません。ですから、いつも頭を下げていてちょうどいいのです。ふんぞりかえっていては、産道は抜けられません。

その「ラルロの嵐」の時代に入ったのです。異常気象になるのも当然かもしれません。このところ頻繁に起こっている家族同士の殺し合いも魂同士のカルマの清算といえるでしょう。

しかし、殺し合うだけが清算ではありません。気がついた方は、ご自分の魂を清めることで、清算することもできるのです。

たとえば、車内で席を譲った相手は、前世では道でケンカになった人だったかもしれません。そうであれば、「ありがとう」とお礼をいわれたとき、そのカルマは清算されたのです。

昔からいわれる「袖触れ合うも多生の縁」とは、こういうことをいうのでしょう。

「ラルロの嵐」の時代の歩み方

この大変な「ラルロの嵐」を迎えて、私たちは、どう過せばいいのでしょうか。それは、精一杯、魂の浄化に励むことです。

それには、まず、我欲、身欲、保身を慎むことです。「自分だけが」、「我先に」という思いや行為は、宇宙全体のバランスを崩し、不調和を生みます。ですから、いつも、周囲や天に感謝をささげ、こうした思いをとり除くことです。これが頭を下に向けることにもなり、産道をスムーズに通り抜けることになるのです。

次に、うそをつかないことが大事です。先に述べましたように、うそは自己の保身につながります。もちろん、相手を思いやってのうそ、たとえば、お医者さまが本当の病状を伏せることなどは、許されるでしょう。これは「うそ」ではなく、「方便」です。

そして、口（言葉）と心（思い）と行い（行動）を正しくすることです。眞《まこと》の言霊、眞の心、そして、眞の行いができていれば、すでに産道を通過していることでしょう。

しかし、はじめからそれができる人はいません。まずは、口（言葉）と心（思い）と行い（行動）を一致させることが大切です。心が磨かれていないとどうなるでしょうか。

たとえば、相手が理不尽に乱暴な言葉を投げかけてきたとします。あなたはムッとするでしょう。そのムッとした心の思い通りに、言霊にします。たとえば、「ふざけるな」と言ったとします。そして、さらに、その言霊通りに、相手を小突きます。

これは、磨かれていない心の通りに、口と心と行いが一致した例です。結果は、ケンカです。相手も乱暴な言葉を投げかけてくるぐらいですから、心が汚れています。当然、ケンカになるでしょう。つまり、喜びでなく、不幸が訪れたといえます。

不幸が訪れるということは、自分の心、言霊、行動に眞がなかったということです。

では次に、あなたが電車に乗っていて、座席に座っていたとします。そこに、高齢の人が杖をついて乗り込んできました。あなたは、座席を譲ろうと思い、「どうぞ」という言霊を述べて、席を立った。相手の人は、笑顔でお礼をいい、そこに座りました。

この場合には、あなたの口・心・行いに眞があったといえます。笑顔とお礼の言葉が返ってきたのですから。

ただ、席を譲ろうと思っても、素直にどうぞといって立てないこともあるでしょう。これでは、口・心・行いが一致しているとはいえません。ですから、口・心・行いを一致させるには、勇気と行動力が必要です。勇気と行動力は、魂の浄化に欠かせない要素です。

自分の心がまだまだ磨けていないと感じたら、まず、正しい言霊を使うことを心がけてください。書道もそうですが、道のつくお稽古ごとは、形から入ります。茶道、剣道、柔道も同じです。

初めに楷書を学ぶのも同じことです。初めから、書の真髄は、書の心は、などといっても理解できません。お手本を真似て、練習を重ねるうちに、上手に書けるようになり、いつしか書についても解ってくるものです。

茶道でも同じです。はじめは基本の型をただ真似ていきます。お茶の心がわかってくるのは、型が完全に身についた後です。

心がともなっていなくても、正しい言霊を使うようにします。そして、その言葉通りに行動を起こします。

言葉だけではだめです。言葉通りに実行してこそ、心が磨かれるのです。確かに気がのらなければ、良い行いはできないでしょう。それでも続けていれば、いつしか熱中して、時間がたつのも忘れていたということもあるはずです。

言霊と行いを正して、気持ちをそれに近づけていくことです。そして、口（言葉）と心（思い）と行い（行動）が眞で一貫したとき、あなたの周囲は、いつも幸福に包まれていることでしょう。

神人合一への道

アセンションとは、魂の里帰りだと私は考えています。もともと、5次元界から降りてきたものであり、今度は肉体とともに里帰りするのです。ですから、地球そのものが5次元界へと転換します。

もう一度、表3の「神代文字と音霊数」をご覧ください。ここに大きく記されている五十音図（七十五音図）は、母音の並びがアオウエイとなっています。この並びは、「合」です。通常のアイウエオは、「顕」で、この現実界を示しています。

一方、アエイオウは、「潜」で現界と表裏一体の関係にある目に見えない霊界の構造を表しています。この「顕」の世界と「潜」の世界が「合一」したとき、アオウエイの「合」

の世界へ転換するのです。

つまり、現界と霊界が一つになり、5次元界が誕生することになります。そこは、道端の小石すら光を発している、光り輝く世界だといわれています。人の肉体も輝いて見えるでしょう。そこに入ることのできる魂は、もちろん、そのレベルに達していなければなりません。

ですから、私たちも、それにふさわしい魂となって、地球とともに上昇することが求められています。それが、神人合一です。神と人とが合一する、一つになるということは、人が神のレベルに上がるということで、人ではなく、いわば神人になるということです。5次元人になるといってもいいでしょう。

私たちの魂は、一霊四魂でした。一霊とは神の直霊《なおひ》で、もともと私たちは、創造主の一部を宿した存在でした。ですから、「神は身の内にあり」といわれていたのです。神人合一とは、この一霊と肉体が合一することだと私は考えています。

ですから、神人合一だからといって外に神を求めてもだめなのです。気に入った神社に行って、お参りするのはたいへん結構なこと。しかし、その神さまと一つになりたいというのは、筋違いです。もちろん、その神さまの応援をいただいて、何かをするというのはすばらしいことです。けれどもそれが真の神人合一ではありません。

神人合一とは、四魂の穢れを浄化し、一霊と同一レベルとなって神の次元に戻ること。つまり、魂が故郷に里帰りすることなのです。里帰りとは、物理的に魂が飛んで、たとえば宇宙の中心に戻ることではありません。創造されたときの清らかな状態に戻るということです。

そして、完全なる霊主心従体属の世となれば、その魂にふさわしい肉体が授かり、光り輝く人となれるのです。

5次元界の神のレベルには、善悪はありません。至善《しぜん》のみであると申しました。では悪はどうなるのでしょうか。至善とはどういう意味でしょうか。

善悪は3次元世界での決まり事です。何が善で何が悪か、人や民族、あるいは国により、その判断基準は多少異なりますが、善悪の基準があることで社会の秩序が保たれてきました。そして、人は、悪を捨て、善を求めてきたのです。

1〜8の世界では、人は、善悪を学ぶことが課題だったといってよいでしょう。宗教でも善人になることが求められたのです。

厄年になれば、お祓いを受けて悪の芽を洗い流してもらい、事あるごとに、悪が寄り付かないよう、水や塩で浄めてきました。

実社会でもそうです。青森県の三内丸山遺跡では、水洗トイレ跡があったそうです。縄文時代から、人は汚物を川に流して自分の周囲を清潔に保ってきました。ではその汚物はどうなったかというと、だまって自然が分解してくれていたのです。そして、その分解物は、植物の栄養になりました。

ところが、五千年たって人口が増加し、あまりにも汚物の量が増えてしまうと、もはや自然もお手上げです。川や湖、そして海までも汚染されたのです。昭和40年代をピークに、東京湾の海は、色が変わり悪臭を発するほど汚れていました。都内を流れる川も同様です。けれども、都や国はそれではいけないと、下水処理場を設け、また、工場にも浄化を義務付け、ある程度まで人の手で汚水をきれいにしたうえで、川や海へ戻すようになりました。そのため、東京湾の海も少しずつ美しさを取り戻し、今は、再び釣り人でにぎわうようになりました。

同じことが目に見えない世界でも起きています。祓い清めた厄は、もともとは自分が生んだ負のカルマです。それを一時的に祓っても、カルマ（厄）がなくなるわけではありません。多少は神さまが軽減してくださっても、ゼロにはなりません。

縄文時代から五千年がたって、膨大な数の人間が遺したカルマがつもりに積った状態です。ですから、大掃除の時期がきて、天災や事件が続発しているのです（ラルロの嵐）。今後、大きな災いが起こるかもしれません。

しかし、私たちは、ただそれを待っているだけでは、人として値打ちがないことになります。下水処理場を設けて汚水を浄化したように、私たち人の手で、少なくとも自分が遺したカルマは自分で浄化すべきでしょう。つまり、悪を善に戻すのです。

善と悪が3次元世界なら、至善《しぜん》は5次元界です。顕と潜が合一して合となるように、善と悪も合一して至善に至るのです。これまでの宗教や道徳観は、この視点に欠けていました。善人になれと、悪を退け善を求めたのです。これでは善悪の合一した5次元界へは進めません。善だけならいつまでたっても3次元のままですから。ですから、今後、善悪を説く宗教はなくなります。

ただし、悪と合一することは大変です。悪の種（負のカルマ）を一つずつ清算することに他ならないからです。

言霊の力と正しい行い

では、実際にどうするのか。それは言霊の力と行いによります。

もう一度悪とは何かを考えてみましょう。私たちに災いが降りかかるその災いの種は、私たちの不調和な行動が生んだものでした。それを負のカルマとも呼びます。もともと、この世に不調和はなかったと神さまはおっしゃっています。

ラルロの嵐は別として、通常、災いの種は溜めておいて、あるとき一気に清算されるのではありません。実は、私たちが不調和を生んでしまったとき、それに気づくように小さな災い、不幸（悪）が訪れるのです。それがムッと感じることです。

たとえば、それは突然相手から投げかけられた理不尽な乱暴な言葉かもしれません。このとき、自分の不愉快な気持ちに気づき、これは、自分が以前に吐いた暴言が負のカルマとなって自分に返ってきたのだとわかったら、そして、相手に対しての暴言は不調和を生んでしまうことに気がついたのなら、その相手に「ふざけるな」とは言えないでしょう。

むしろ、相手に感謝すべきです。自分の至らなさを教えてくれたのですから。もし、それに気づいて、「ふざけるな」ではなく、相手に対して「ありがとう」とお礼を言ったらどうでしょう。相手はわけが分からないかもしれませんが、少なくともケンカにはならないはずです。

そして、次は、神さまにもお礼を申し上げます。「これまで私の暴言で多くの人の心を傷つけてしまいました。大変申し訳ありません。このたびは、私のいたらない点を指摘くださいましてありがとうございます。以後、言葉遣いには気をつけます」。

そして、次から人には温かい言葉で話しかけます。実は、この行動が大切です。気がついたら、それを直して新たな行動を示すのです。優しく、温かな言葉を投げれば相手は笑顔で応対してくれるかもしれません。それなら、喜びを生んだことになりますから、調和した行動ということになります。

これで、暴言のカルマは解消され、消え去るのです。祓ったのではありません。消滅させたのです。これこそが悪を善に変えた眞《まこと》の行いということになります。

もし、「ふざけるな」と投げ返したら、カルマの解消どころか、その言葉によって新たな負のカルマを生んでしまします。天は、そのことを知らせるために、今度はもっと大きな苦を呼び寄せるでしょう。

たとえば、相変わらず、暴言癖が治らなかったら、仕事のプレゼンの大事な日に風邪を引いてしまい、声が出せなくなってしまったというようなことです。自分はなんて運が悪いのだろうと思うでしょう。

でも運を損ねたのは自分の行動（暴言癖）です。ここで気がつき、これまでのことのお詫びの言葉、そして、それを不幸・苦しみという形で教えていただいたことへの感謝の言葉、さらに、それに変わる正しい行いを起こせば、負の連鎖は止まります。カルマが解消されたからです。

それでも、運が悪いで片付けてしまい、自分の暴言癖を直さなかったから、さらに大きな不幸としてお知らせがやってくるでしょう。たとえば、咽頭ガンで声が出せなくなるようなおおごとです。

多くの人は、小さなお知らせに気づかず、突然にガンに見舞われたと思うでしょう。しかし、天は、少しずつお知らせをだしているのです。小さなお知らせで気づいて、お詫びの言葉、感謝の言葉、正しい行動で負のカルマを解消すれば、大難は避けられるのです。難を避けるどころか、段々喜びが多くなっていることに気づくでしょう。カルマが解消されてくるので当然そうなります。至善に向かって歩んでいるといえます。

これが悪を善に変える方法です。ガンができたからといって、お祓いをしてもらっても根本解決にはなりません。手術をしてよくなっても、行動が変わらなかったら、別の形でお知らせがくるでしょう。

悪の種（負のカルマ）を自分の言葉と行動で消滅させることが、悪を善に変える唯一の方法なのです。そして、毎日が喜びに包まれていたなら、カルマはすっかり解消されたことになります。すでに魂は至善の中にいるわけですから、天変地異など恐れるものは何もありません。

もちろん、神代文字の修練は魂の浄化になります。文字を書くことは、その文字の神様のエネルギーを自分の肉体を通して地に下すことになり、それが魂の直接の掃除になるからです。

カルマの量にもよりますが、自分の行いでカルマをすべて消滅させることは大変です。神代文字の修練は、そのよい手助けとなるでしょう。

日ごろから言霊に気をつけよう

お詫びの言葉、感謝の言の葉は、言葉に言霊が宿ってこそ、意味を持ちます。オオカミ少年の物語のように、日ごろからうそをついていては、言葉に信用性が失われて、言霊も逃げだしてしまうでしょう。うそをつかないということは、そういう意味でも大事なことです。

さらに神代文字を修練していたなら、よりパワーが増すでしょう。

前章で、「ツキを呼ぶ魔法の言葉」を紹介させていただきました。これも、自分に不幸が訪れたとき、「ありがとう」と感謝の言葉を述べるわけですから、同じようなものといえます。言葉に言霊が宿っていれば、それなりに結果もでてくるでしょう。

けれども私は、なぜそうなるのかという原理を理解したうえで行う、今述べたカルマ解消法の方をお勧めしたいと思います。行動が伴うので確実に苦の種が消滅するからです。ホ・オポノポノも同じです。現象面では解決できても、不幸の種が本当に消滅できたのかは明らかではありません。どこかに残っていたとすれば、別の形でのお知らせは避けられません。

今はそういう時期（ラルロの嵐）に来ているからです。やはり、自らの行動を改めてこそ、完璧にカルマが解消できるのです。

それにしても、どうしてこんな苦が降りかかるのか、その理由が分からない場合もあるでしょう。いや、むしろそのようなケースのほうが多いかもしれません。小さい頃の不調和のお知らせが今ごろになってやってきたり、前世のこともあるからです。

もし、前世のカルマだとしたら、まったく身に覚えはないでしょう。

そのようなとき、つまり理由が思いつかないときには、こう申し上げてください。

「天地の御祖《みおや》の大神様、天地の何かはわかりませんが、不調和を生みまして、まことにご無礼をいたしました。また、主《あるじ》がうつけなばかりに、何の罪科《とが》もない尊き神の肉宮に痛い思いをおかけいたしまして、まことに申し訳ありませんでした。さらに、今より以上の大難をいただく前に、気づかせていただきましたことに深く御礼申し上げます。どうもありがとうございました。これからは、まことの言葉、まことの心、まことの行いをもって努めさせていただきます。よろしくお願いいたします」。

これは、丁寧な言い方ですが、このような内容であればよろしいかと存じます。

では、もう一度、このカルマ解消法を整理してみましょう。

まず、何か偶然とは思えないタイミングで不調和が起こったとします。最初にその原因を考えます。その理由が思い当たれば、そのことにお詫びと感謝を天にささげます。そして、正しいと思われる行いで、やり直します。

もし、その行為が的を得ていれば、その結果、喜びが返ってくるでしょう。カルマは解消されます。ところが、再び、不調和が起こってしまったら、やり直しの行動のピントがずれていたことになります。真の行いではなかったということです。

そこで、もう一度、よく考えます。そして、再び、お詫びと感謝です。そして、新たにやり直してみます。その行動が調和を生んでいたら、喜びで返ってくるでしょう。だめなら、もう一度、お詫びと感謝と新たな行動です。

これの繰り返しです。何が、真の行動、言霊なのか。初めは分からなくても、やっていくうちに分かってきます。すると、カルマも少しずつ解消され、喜びの時間が増えてきます。いつのまにか、魂も浄められていることでしょう。

このカルマ解消法は、言葉の上では簡単ですが、実行するとなると大変です。小さな苦(不幸)ならいざしらず、目の前で、わが子が交通事故で亡くなったらどうでしょう。「被害者はいない」という言葉を思い出し、神さまや事故を起こした運転手に感謝できるでしょうか。簡単ではありません。

自分の足が失われてしまったとき、「何の罪科《とが》もない尊き神の肉宮に痛い思いをおかけいたしまして、まことに申し訳ありませんでした」とお詫びできるでしょうか。それが相手の無謀な運転で起こった事故ならば、相手の運転手を恨むのが普通です。

大難に至らないよう、日ごろから実行することをお勧めします。ただし、あまりに小さなことまで、いちいち気にかけていたら日常生活に支障をきたしかねません。

偶然、たまたまと、思われる出来事に出合ったら、「偶然はない」ことを思い出し、その理由を考えてみて、カルマ解消法を実行されるとよいでしょう。

究極は、創造主の一厘

こうして、ラルロの嵐が待ち受けるラリルレロの産道を無事くくり抜けたら、最後に待ち受けるのが、へその緒の切断です。こればかりは、赤子が自分ではできないことです。それこそが、創造主のお仕事となります。

九分九厘までは、自分の足で、感謝の気持ちを持ちながら頭を下げて産道を歩みますが、最後の一厘は、神さまが下さるのです。

それにより最終的な魂の浄化が行われ、結果、魂は元のふるさとへ戻ることができます。

インディゴ・チルドレンと呼ばれる子どもたち

天意の転換が行われて、いわゆるアセンションに向けて、地球の波動が高められています。地球が様々な影響を受けるなかで、最近は、特別な能力や使命をもった子どもたちがたくさん誕生しています。

それらの子どもたちをインディゴ・チルドレンと呼ぶ人もいます。インディゴ・チルドレンとは、アメリカで最初に使われはじめ、インディゴブルーのオーラを持つことから名づけられたものです。新しいタイプの子どもたちをいいます。

日本でもそのような子どもたちが生まれていますが、アメリカのインディゴの子どもたちとは、多少異なると、日本の研究者であり、カウンセラーの南山みどりさんは著書（宇宙チルドレン／ビジネス社）に述べられています。

このような子どもたちは、一九五〇年代から少しずつ生まれていたようで、アメリカで話題になったのは、一九七〇年に入ってからです。

南山さんによれば、一九九〇年には、インディゴ・チルドレンの特徴には当てはまらない「クリスタル・チルドレン」と呼ばれる別のタイプの子どもたちが生まれはじめたそうです。

クリスタル・チルドレンは、インディゴ・チルドレンが準備した新しい世界に、人類が向かうべく方向を示す使命があるということです。彼らは、他人の気持ちを察し、優しく、争いごとには耐えられません。

さらに最近では、「レインボー・チルドレン」という、ピュアで、存在そのものが愛を表現しているという子どもたちも生まれているそうです。

しかしながら、こうした新しいタイプの子どもたちを受け入れる準備が遅れていて、彼ら、彼女らは、むしろ親や社会からは問題児として扱われているのが、現状のようです。

求められる新しい社会創り

天意の転換により、火の神さまが新しい国造りの準備をなさっております。インディゴ・チルドレンなど、新しいタイプの子どもたちが生まれているのもその一つでしょう。

私たちに求められているのは、自立です。新しい社会が訪れるのもただ待っているだけでは、自立しているとはいえません。魂の浄化に励むのはもちろんですが、私たちも新しい社会創りのビジョンを考えるのも大事なことだと思います。

そこで、この地球や社会はどのようにすべきなのか、それを考えてみたいと思います。基本的な理念は、すでにお伝えさせていただきましたように、すべての生命が地球と共存共栄する在り方です。

今、エコがブームとなり持続可能な社会創りが世間でもいわれております。これも、同じ考え方にあるといってよいでしょう。問題なのは、では、具体的にどうするのかということでしょう。たとえば、食の安全につながる農業はどうすればいいのでしょうか。

地球は、水と大地とを使い、太陽エネルギーの力を借りて、植物を育てています。人は、それを拝借して生かしていただいているといってよいでしょう。けれども今の農業では、自然の力を拝借するのではなく、搾取しているような状態になってしまいました。農薬や化学肥料は、大地を傷めます。その土で育った野菜や穀物は、人をとりあえず生かすことはできても、真の健康へは導かないのです。

土のなかでは、ミミズなどの小動物やたくさんの小さな虫たちが生活しています。さらに無数の微生物が活動していて、虫や植物と共生しています。農薬や化学肥料は、この共生関係を遮断し、作物だけを生かすことを考えたものです。これでは、未来の農業としては失格でしょう。

そこで、最近、注目されてきたのが、有機農法です。たくさんの堆肥を施して土を肥やし、化学肥料を使わず、農薬は最小限に抑えて減農薬栽培を行うか、あるいは無農薬で栽培します。これなら、健康にいいと思われてきました。土の中の虫や微生物たちとも共生できるはずです。ところが、それがそうでもなさそうなのです。

「奇跡のリンゴ」と呼ばれる無農薬栽培によるリンゴの生産を軌道に乗せた木村秋則さんをご存じでしょうか。リンゴは品種改良を重ねるうちに農薬に頼らなければ実がならなくなり、今では十数回にわたって農薬を散布するのが普通です。そのため、リンゴの無農薬栽培は不可能だとされてきたのです。その不可能に挑戦し、たいへんな労苦を重ねながらも見事成功させたのが、青森県中津軽郡岩木町に住む木村秋則《きむらあきのり》さんです。

無農薬でリンゴを実らせることは、これまでの常識から考えればまさに奇跡なので、「奇跡のリンゴ」と呼ばれたのですが、奇跡なのはそれだけではありません。木村さんのリンゴは腐らないのです。普通、二つに切ったリンゴを置いておけば、たちまち色が変わりやがて腐ってしまいます。ところが、木村さんのリンゴは枯れたように小さくしぼんでしまってはいますが、腐ってはなく、お菓子のような甘い香りを放っているそうです。二年たってもその状態は変わりません。

実は、腐らないのは、リンゴだけではありません。木村さんは、お米や野菜の無農薬栽培にも取り組み、こちらのほうも成功させてきました。その野菜も腐らないのです。

木村さんが実験したところ、農薬・化学肥料の慣行農法はもちろん、堆肥をたくさん施した無農薬・有機野菜も同じように腐ったそうです。むしろ有機野菜のほうが腐りやすいものもあったそうです。

ところが、木村さんの野菜はドライフラワーのようにしぼむだけで腐りません。すぐに腐る野菜と腐らない野菜、食べたときにどちらが体にとっていいのかは、明らかでしょう。

木村さんの農法は、自然農法と呼ばれるもので、農薬はもちろん原則として肥料も施しません。畑の土の状態を森林の土のように近づけ、いわば土の持つ力だけで栽培する農法なのです。しかし、収穫量は、慣行農法や有機農法に比べて3割減るそうです。それでも、肥料代や農薬代がかからないので、手取り収入はそれほど大きくは減らないとのこと。

私は、自然農法で採れる収穫量が、地球が人に与えてくださった収量だと思います。肥料や農薬を撒いてそれ以上の収穫を得ようとするのは、人間の欲のような気がします。欲を張らなければ、病気になりにくい健康な体を与えていただけるのではないでしょうか。

もちろん、大地を傷つけることもありません。自然と共存共栄できる農法が木村さんの農法といえるでしょう。

自然農法ならだれもが野菜を作れる

木村さんの農法は、今、海外で注目されています。多くの人たちが海を越えてやってきて、木村さんの農法を学んで帰っていきます。

農法といっても、ポイントさえマスターすれば、だれでも作物を栽培することができます。特別な資材は必要としないからです。自給自足にもっとも適したやり方といえるでしょう。

今、日本の食料自給率は、カロリー換算で、41%（平成二〇年度）です。先進国の中では最低の数字です。今後も異常気象が続き、世界の食糧生産量が落ち込んでしまったら、大変な混乱が起こるでしょう。

日本は、食料が生産できないのではありません。耕作が放棄された農地が荒れ地となってたくさん残っています。採算が合わないからといって所有者は耕作しないのです。というより、もう体力がないからかもしれません。農業に従事する人たちは高齢化が進み、農業経営者の平均年齢は62歳です。そして65歳以上の高齢者は46%を占めています。若い人が後を継がないのは、農業に希望がもてないからでしょう。もし、希望すれば、だれもが田畑を借りられるようになったら、やってみたいという人は、結構いると思います。自給自足の生活を夢見ている人は、少なくないはずです。もともと、土地は誰のものでもなかったはずですから、耕作放棄地は、国が借り上げて開放すべきでしょう。

お金のいらない暮らしへ

資本主義経済は、もはや成り立たなくなっています。資本主義経済の最大の難点は、成長しなければ、経済が維持できないという点です。

しかし、人口が減少に向かっている日本では、これ以上の成長は望めません。いまは、輸出に活路を求めて、なんとかつないでいる状態ですが、それは本来の在り方ではありません。地産地消が原則です。

経済成長のためには、消費をしなければなりません。消費拡大のために、借金をしてまでしてお金をつぎ込む。これは本末転倒です。みんなが必要なものを購入した結果、消費が拡大したというのなら、話は分かります。けれども、経済を立て直すために、消費拡大のために、余分な消費をさせようというのは、何かが間違っています。

もうこれ以上、新しい資源を掘り起こしたり、廃棄物を捨てる余裕はありません。今ある資源を上手にリサイクル、リユースしながら、ものはできるだけ丁寧に長く使い、余分なものは作らず、買わないようにしなければ、自然に過度な負担をかけることになります。

今、世界は、お金によって支配されています。お金のある人が強者となった、弱肉強食の世界を造ってしまったのです。世界の金融支配とはそういうことです。日本ももちろん、その渦の中にいます。

天意の転換が起き、経済も変わろうとしています。火の神さまによる共存共生の世界では、貨幣経済はなくなるでしょう。お金が悪いわけではありませんが、お金をなくさないと、弱肉強食のこの世界は変わらないからです。

もちろん、一時的な大混乱は避けられません。紙幣や銀行に預けた預金がなんの意味も価値もなくなってしまうわけですから、混乱という言葉では収まらないかもしれません。

それでも自給自足できるだけの田畑があれば、大丈夫です。一家四人の家族なら、1a

（アール）の広さがあれば、暮らしていけるといわれています。

神と人とがともに暮らす世界へ

昔は、といっても、四、五十年も前ではありません。日本でも、家に鍵をかけないで暮らしていました。ところがいまは、鍵は二重にかけ、警報機や防犯カメラを設置し、さらに、警備会社に見張ってもらうような有様です。警察は大忙しで、刑務所はどこも満杯の状態です。

国も同様で、いずこの国も軍隊を組織し、なかには核武装して、自国を守ろうとしています。武器にも、生鮮食料品ほどではありませんが、同じく消費期限があり、定期的に新品と交換しなくてはなりません。古くなった武器は、闇に流れ、反対勢力やテロ組織に流れていきます。

すべてを売るわけにはいきませんから、残りは使って消費します。つまり、戦争で使うのです。これが、戦争がなくならない理由です。

武器を持てば、必ずいつかは戦争が起こります。ですから、日本国憲法は、国の交戦権だけでなく、軍隊も認めなかったのです。憲法九条は、アメリカからのおしつけではなく（おしつけられたような形になっていても）、神さまからのプレゼントです。

それにしても、これは大いなる無駄でしょう。軍備や警備のお金がかからなくなったら、人々はどれほど豊かになれるでしょうか。

新しい世界では、もちろん、軍備など必要ありません。鍵もいらないくらいでしょう。人々が我欲、身欲、保身を捨てることができれば、実現できます。自分の今の行いが明日の自分に返ってくるということを理解できれば、物を盗んだり、人を傷つけたりはできなくなるはずです。

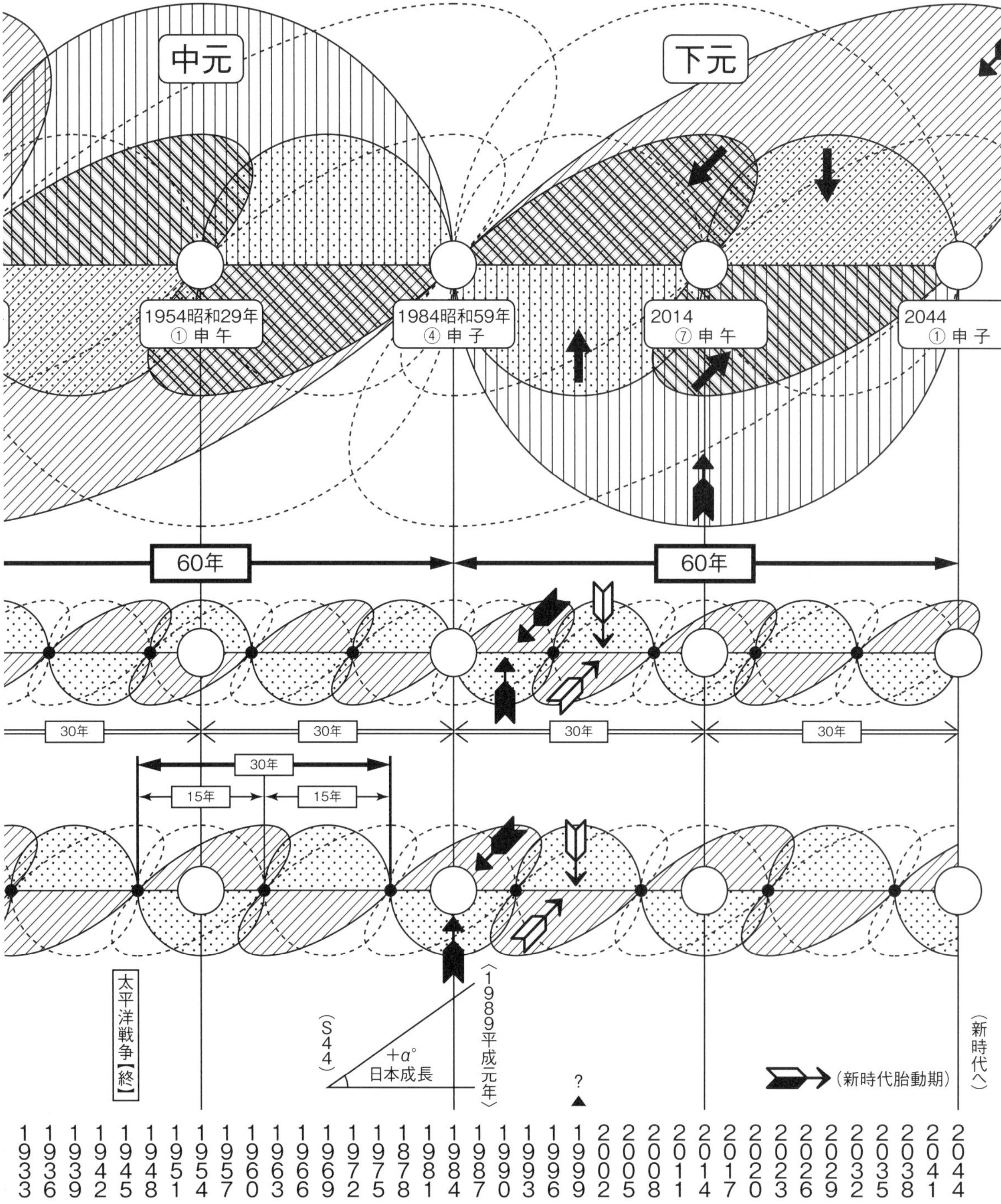

【注】個人・会社・国家は自然エネルギー下にある。

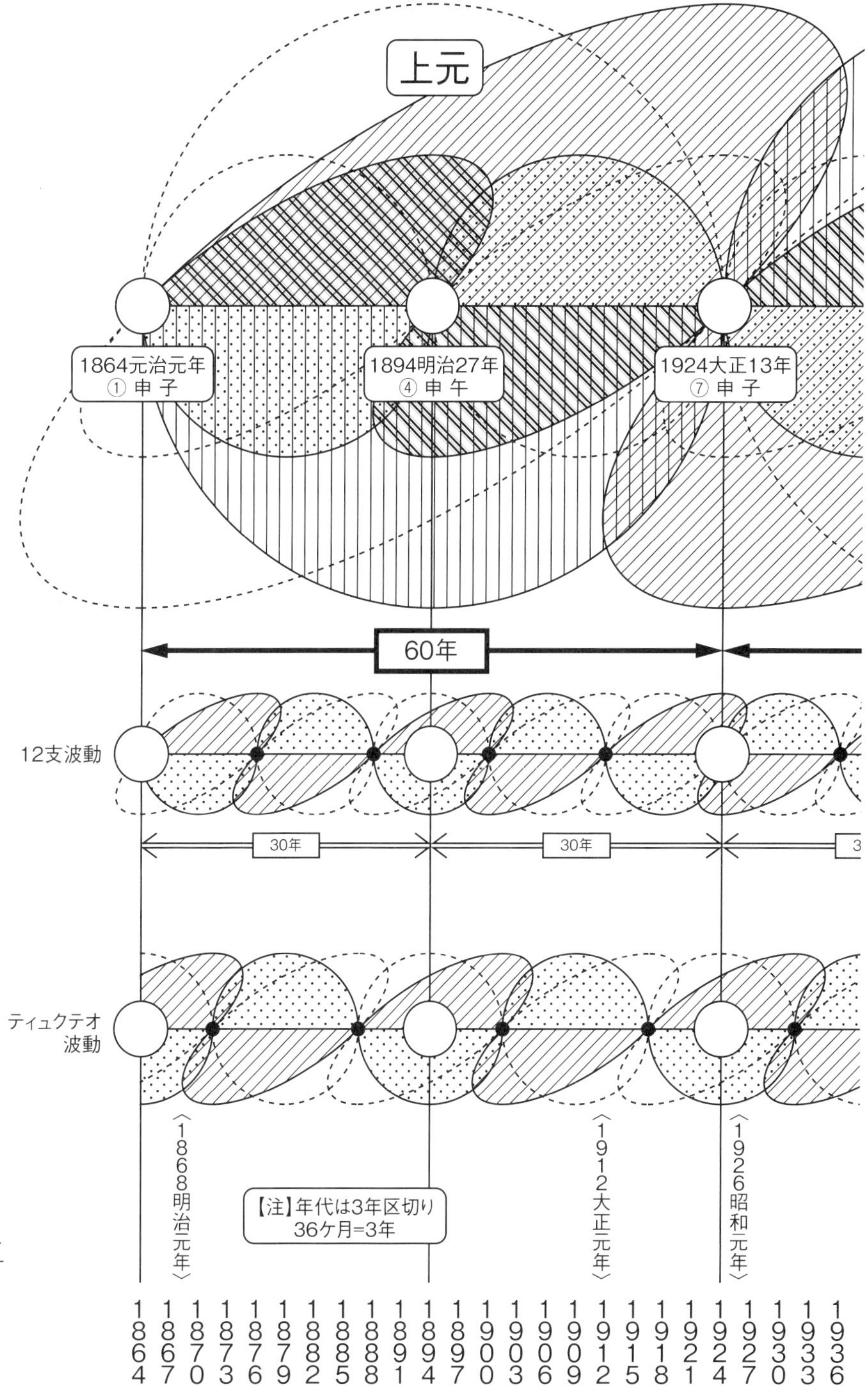

図 12　自然エネルギーおよび周期波動 60 年の変遷

個人・会社・国家は自然エネルギーによって生かされており、その作用を受ける。十二支が巡る１２年掛ける５の 60 年が一つの周期となっており、各周期は一つの時代を形作っている。

結局戦争も、お金儲けでやっているようですから、身欲がなくなれば、戦争をしたいという気持ちにはならないでしょう。

子どもたちの証言によれば、生まれる前、赤ちゃんは親を決めると神さまに報告して、おなかの中に入る許可を得るようです。おそらく、今後は、ある程度、魂の浄化ができていないと、おなかに入る許可が下りないと思われます。

霊主心従体属が深まってくると、人の心を忘れた獣のような魂では、人の体を保つことができなくなってくるでしょう。魂の在り方が、体（形）を決めてしまうので、真心のある人の魂でなければ、人の体とはならないからです。

完全に5次元界に移行すれば、それにふさわしい魂しか残れなくなります。そして、魂の輝きがそのまま、体にも現れますから、魂の状態が一目でわかるようになります。人々は、国の指導者としてだれがふさわしいか、見ればわかりますから、政争などは起こりようもありません。

これまで、日本の歴史は、自然エネルギーのリズムとともに刻まれてきました。というのも、人や組織、会社、国家は自然エネルギーの下に動かされてきたからです。

新時代となってもそれは変わりません。自然エネルギーは、十二支の周期が一つリズムを作っており、それを5回繰り返す60年が一つの区切りとなります。図12ご覧ください。区切りの年に大きな出来事が起きていることが分かるかと思います。

二〇一四年は、30年周期の区切りの年となりますので、何か重要な出来事が起こるかもしれません。

すべての命は元ひとつ

何度も申し上げたように、天意の転換がなされ、月の神さま（水の神）から日の神さま（火の神）へと政権交代がなされました。これは地球や人類が創造されたときから決まっていたことで、これで、神々の体制は、太古の状態に戻ったのです。

今後も政治の世界も変化を重ねていくことでしょう。

いよいよラルロの嵐が本番となる時です。

私たちの命は、すべて創造主から生まれています。人だけではありません。草木や虫、微生物まですべての命がそうです。

ですから、すべての命は平等で、調和しているのです。そこに不調和を持ちこんだのは、私たち人間です。その不調和の元が、我欲、身欲、保身とそれに基づく偽りでした。

私たちの魂は、生まれ変わり死に変わりしながら、多くの経験を積むことで、成長してきました。しかし、同時に不調和を出すことで穢れもつけてきたのです。

ところが、天意の転換により、地球のレベルは次元上昇が行われます。それによって、幽界は閉じられ、これまでのような輪廻転生は終わりとなります。そして、私たちの魂は穢れをなくして、もとの穢れなき状態の次元に帰らなければなりません。おみやげとして持ちかえることができるのは喜びだけです。

これまでは、神仏に穢れを祓ってもらうことができました。けれども、この最後の段階ではそれはできません。穢れは、祓うのではなく消滅させなければならないのです。方法は二つです。罪を犯した人が刑務所に入るように、負のカルマを償ってなくす方法。そのために、ラルロの嵐が起こっています。

もう一つは、眞の言葉、眞の心、眞の行いで喜びを生み、負のカルマをプラスに変換することです。もちろん、神代文字の修練は、それを助けてくれることでしょう。

ラルロの嵐は、三年とも十年ともそれ以上続くともいわれています。私たちの行い次第で決まります。いわれているような二〇一二年一二月では終わらないでしょう。

世界の文字の元がこの日本にあるのは偶然ではありません。自ら魂を浄めるとともに、少しでも早くラルロの嵐が終わるよう、世界に伝え広める使命があるのです。私のこの拙い言葉が、少しでもそのお役に立ったならば、これにまさる喜びはございません。

古歌に、

永《なが》き代《よ》の遠《とお》のねふりの皆眼《みなめ》ざめ
浪《なみ》のり船《ふね》の音《おと》のよきかな

というのがあります。この歌は、上から読んでも下から読んでも同じ音になる、いわゆる回文となっています。つまり、これは上からの流れ（神界からの流れ／上流）と下からの流れ（現界からの流れ／下流）が同じになるということです。これはやがて来たるべき未来を示しています。現界が神界になるということですから。そこで、この古歌の意味は、「永い間の夢醒めて、正邪、善悪共に手に手を執りて喜ぶ時、これ神政成就の時なり」という意味ととることができます。

いま、神政成就に向けて、船は静かに出航しております。

湯行が伝える大事な意味（神を知る根本原理）

毎日、湯船につかい、一日の疲れを癒していることでしょう。身体を洗い、今日一日酷使した肉体を清めることも大切です。

しかし、湯船につかることは、行でもあります。

湯船につかったら、まず、おへそを見ます。じーっと見て考えてください。

そのおへそはどこへつながっているのだろうか？

そうです。自分の母親、その母親、つまりおばあちゃん。そして、その母親と先祖代々へとつながっています。

そう考えると、最後には、真我の基に気づくことでしょう。その神様（創造主）に感謝の心が湧き、自分が尊い神の子であることに気づくでしょう。

一日の終わりに、その尊い我に深く感謝し、今日も「御苦労さま！」と慈しむ言葉をかけてあげましょう。

明日は、一段とス晴らしい日に近づくことでしょう。

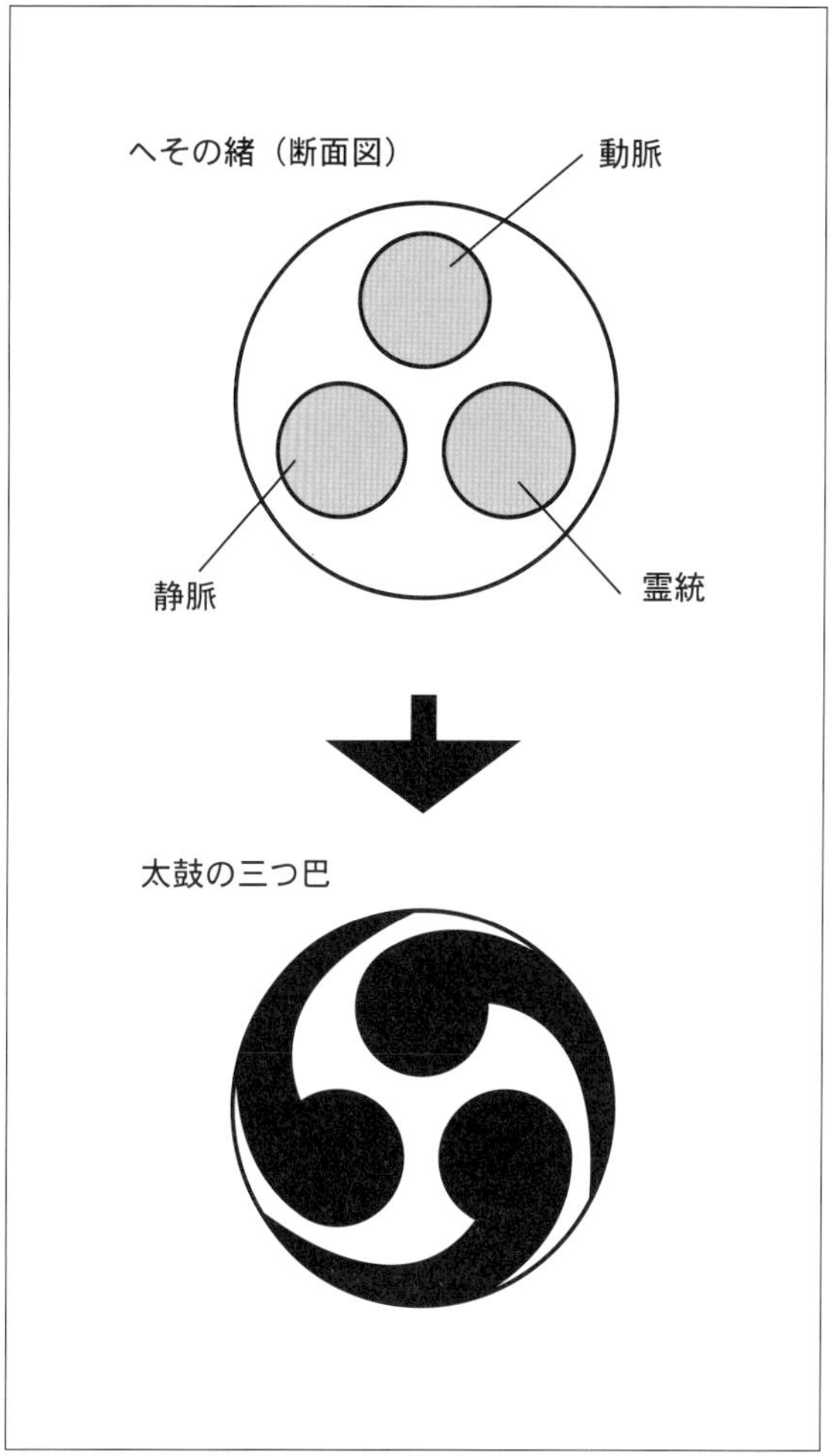

図 13　へその緒が太鼓の文様の原型

へその緒には、三本の管が通っており、うち二本が動脈と静脈、もう一本が霊統である。霊統の管こそが、創造主の太古から連綿と繋がる命を、母子へ伝えるルートであり、管の中は透き通っている。
実はこの断面図こそが、日本の太鼓の文様「三つ巴」の原型となっていると考えられる。太鼓を打ち鳴らすことで、まさに「太古に戻れ」と呼び掛けているのである。

あとがき

共存共栄は、宇宙の根本原理です。

私共の究極の目的は、宇宙の弥栄《いやさか》です。星々も含む、地球の弥栄ももちろん、目的としています。

地球に責任者として置かれました神の子と称される人々は、各々の国、その土地のエネルギーをふまえての、独自の姿勢（霊籍）の生き方をし、他国に奉仕をしなければなりません。その喜びが平和を呼び、それが弥栄につながってくると思います。

国々は、霊籍《ひせき》を明らかにいたし、責任を持ち、弥栄えさせることが、祖神様（創造主）に対してのご恩返しとなるでしょう。

そして、それを成し遂げた神の子は、眞人として認められ、天意を受けとる権利をいただけるものと信じます。

共存共栄とは、宇宙と地球、国と人の関係にもあてはまるのです。

安藤妍雪の既刊

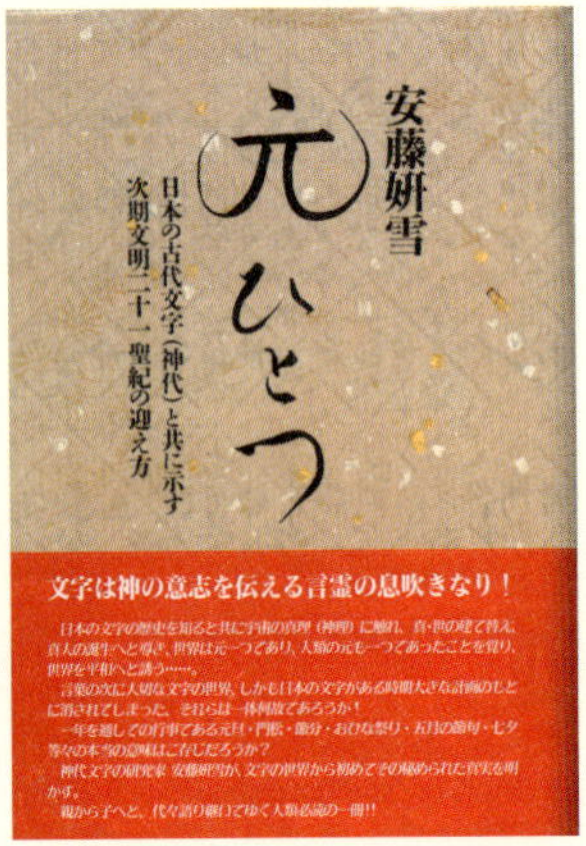

『元ひとつ』

―日本の古代文字（神代）と共に示す次期文明21聖紀の迎え方―

●書の霊智塾・刊　●A5判上製　274頁
●定価3、500円（本体3、398円）

＊　＊　＊

文字は神の意志を伝える言霊の息吹きなり！

神代文字、神経綸、節分の由来など、隠された日本の真実の歴史を知るとともに宇宙の真理（神理）に触れ、来るべき超高次元文明期を迎えるために必要な「魂の改善」へ誘う警醒の書。

※お求めは、書の霊智塾まで直接お申し込みください。

『新しい始まりのために今！』

●今日の話題社・刊　●A5判並製　86頁
●定価2、625円（本体2、500円）

＊　＊　＊

天国文明を迎える子供達に、二度とないこの時を、母親として、また大人として、何をしたら良いのだろうか？

天地創造、神代文字、人類の生い立ちなど、著者が体験的に得てきた真実を、易しく語りかける。イメージCD付属

※全国書店にて好評発売中。

【著者紹介】

安藤　妍雪（あんどう　けんせつ）

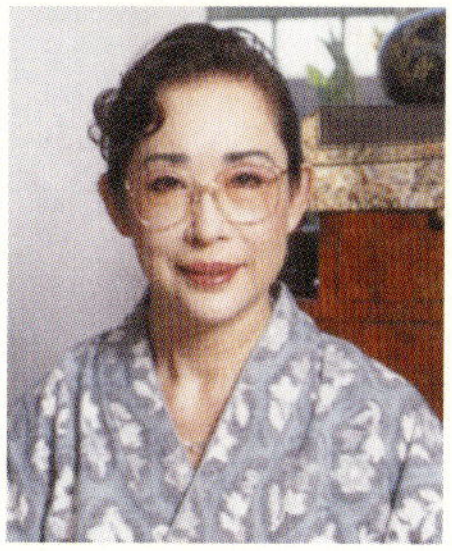

東京生まれ。祖父・父の衣鉢を継ぎ書道家3代目として活動。3歳より書の道に入り、16歳から上野美術館における展覧会で活躍したが、現在すべての会を脱会。独立以後、年数回個展を開催し独自の書の霊智を尋討している。書を通じた国際親善交流を行うかたわら、商標・CDジャケット・ポスターなどにも作品を提供するなど積極的な創作活動を展開。現在、文字の源を求めて古代文字研究に専心し、神代文字修練所「書の霊智塾」を主催。著書『元一つ』（私家版）、『世界の言語は元ひとつ』、『新しい始まりのために今！』（今日の話題社）

【作画者紹介】

加藤　早苗（かとう　さなえ）

熊本県天草生まれ。県立天草高校、岡崎女子短期大学保育科卒。幼い頃から絵やマンガを描くことが好きで、幼児教育の場に生かしたいと希望、児童施設、保育園に勤務。岐阜県高山市在住。中部の文化芸術を育む会会員。

◎賞　歴

昭和53年　中京テレビ・お笑いマンガ道場（アイデア賞）
昭和55年　第7回　知多市民美術展（日本画・奨励賞）
昭和56年　第8回　同展（同・議長賞）
昭和57年　第9回　同展（同・市長賞）
第17回　日春展（東京・入選）
昭和59年　映画・序の舞（上村松園・美人画コンテスト・序の舞賞）

【カバーイラスト作画者紹介】

鯰江　光二（なまずえ　こうじ）

東京都生まれ　日本大学芸術学部卒

広告制作会社を経て、フリーのイラストレーターとなる。イラストレーション誌ザ・チョイス2003年度賞大賞

NHKおかあさんといっしょのアニメ「風に吹かれてきたあの子」、野村證券、ホシザキ電機などの企業カレンダーを多数、寮美千子「ほしのメリーゴーランド」、石田衣良「光の国の姫」、光原百合「星月夜の夢がたり」の装幀・挿し絵、電源開発の広報誌グローバルエッジ等の表紙を手がける。東京大丸9Fアートステーションに作品常設

鯰江光二ホームページ
http://www.namazue.jp

スベての命は元ひとつ

2010年9月30日　初版第1刷発行
2014年1月10日　初版第2刷発行

著　　者　安藤　妍雪
装　　幀　宇佐美慶洋
発 行 者　高橋　秀和
発 行 所　今日《こんにち》の話題社《わだいしゃ》
東京都港区白金台3-18-1 八百吉ビル4F
Tel. 03-3442-9205／Fax. 03-3444-9439

印刷・製本　平河工業社

ISBN978-4-87565-600-5